隐匿与表达

社交媒体用户的双面日常

李鹏翔 / 著

PRIVACY MANAGEMENT
AND
SELF-PRESENTATION:
THE DUAL LIVES OF SOCIAL MEDIA USERS

人民日报出版社

北 京

图书在版编目（CIP）数据

隐匿与表达：社交媒体用户的双面日常 / 李鹏翔著.
北京：人民日报出版社，2024. 10. —ISBN 978-7
-5115-8450-2

Ⅰ . G206.2

中国国家版本馆CIP数据核字第20244BD232号

书　　　名：隐匿与表达：社交媒体用户的双面日常
　　　　　　YINNI YU BIAODA：SHEJIAO MEITI YONGHU DE SHUANGMIAN RICHANG
著　　　者：李鹏翔

出 版 人：刘华新
责任编辑：梁雪云
封面设计：中尚图

出版发行：人民日报出版社
社　　址：北京金台西路2号
邮政编码：100733
发行热线：（010）65369527　65369846　65369509　65369512
邮购热线：（010）65369530
编辑热线：（010）65369526
网　　址：www.peopledailypress.com
经　　销：新华书店
印　　刷：三河市中晟雅豪印务有限公司
法律顾问：北京科宇律师事务所 010-83632312

开　　本：710mm × 1000mm　1/16
字　　数：166千字
印　　张：12.5
版次印次：2024年10月第1版　2024年10月第1次印刷
书　　号：ISBN 978-7-5115-8450-2
定　　价：59.00元

前　言

　　社交媒体已成为当代人生活中不可分割的一部分。经过短短十几年的发展，全世界数十亿的用户每天都在使用各种类型的社交媒体交流、连接和互动。无论是一对一聊天、群组沟通，还是用户在公共空间分享自己的生活、兴趣、情绪等都依托社交媒体平台完成。时至今日，社交媒体不再是多么新鲜的媒介形态，但在问世之初，社交媒体被视为从未出现过的"混合"媒介形态——既能够为用户之间提供点对点的人际沟通渠道，又兼具用户个人向公众发布信息的大众传播功能。这种"大众—人际传播"模式颠覆了信息扩散的传统方式，展现了前所未有的巨大的连接力，使得信息分享以"病毒式传播"的方式实现。

　　社交媒体已成为媒介化社会中不可或缺的一环，其影响不言而喻。在关系层面，社交媒体在血缘关系、地缘关系、业缘关系的基础上，不仅推动了"虚拟关系"的发展，还重构了人与媒体的传播关系，亦促进了人机关系的显化，人类社会关系因此在陌生与熟悉之间、虚拟与现实之间不断交织；在认知层面，社交媒体以信息流推送和个性化推荐的形式解构了人们吸收和理解知识的方式，"碎片化阅读"成为感知日常生活的手段；在个人层面，社交媒体为用户提供了个人展演或者个人展览的空间，人们通过分享、记录、美化自己的日常生活打造理想的数字化身，创建在虚拟空间中的具身形象；在时间层面，社交媒体上数字痕迹的留存具有持续性，挑战了人们对于线性时间的感受，社交媒体"记录一切"的能力使得人们认为瞬时流逝的事情能够被长期凝视或被永久铭记，人们混淆了过去、现在和未来的概念，甚至开始"怀念此刻"。

随着社交媒体融入日常，其局限性也浮出水面。例如，百花齐放的用户生产内容不可避免地走向同质化，终究步入文化工业化的趋势。又如，虚拟关系、数字化身伴随着消费社会和工具理性，造就了社交媒体上的伪信息、假信息以及深度伪造等现象，人们因而无比渴望"本真"、希冀在虚拟空间中感知真实。再如，用户的自我展演看似随心所欲，实则囿于语境崩溃，个人失去对信息扩散的控制力，陷入隐私泄露的困境之中。

人们会创造性地采取一些措施来应对这些局限性，譬如通过创建"小号"来避开某些受众，或者经常审阅自己社交媒体的内容并删除。这些行为又推动了技术层面和商业层面的改变，比如前些年兴起的"阅后即焚"式社交媒体或类似的功能（如 Snapchat、Instagram 的 Story 功能、微信的朋友圈可见时间等）。上述所论不只体现了社交媒体用户面对技术时的主体性和能动性，更映射出人类行为、社会关系、技术变革三者之间相互适应又相互影响的动态过程。

目前，学界关于社交媒体的研究成果层出不穷，研究主题丰富多彩。本书从微观层面入手，关注社交媒体用户个体的行为及背后的心理动因，以小见大，力图从日常中洞见些许规律。尽管人们在社交媒体上能够进行种种操作，但追本溯源，其行为不外乎表达与隐匿两种指向。所谓表达，既有精心修饰的自我展演，亦有不加掩饰的自我披露；所谓隐匿，既是对公域和私域的划分，又是对前台和后台的区隔。在社交媒体所建造的"半公共"空间中，用户通过各种尝试来控制或拓展信息传播的界限。可以说，隐匿与表达如硬币的两面，共同构筑了人们在社交媒体上的日常。

本书第一章梳理了电子技术时代以来社交媒体的发展脉络，并从可供性和传播模式的角度阐释了此类媒体的独异性；第二章将视角聚焦于社交媒体用户的具体行为，并进行了理论概述；第三章针对隐私管理行为的心理机制进行了理论探讨和实证检验；第四章从"边界"概念入手分析人们所面临的隐私困境并尝试给出相应的对策建议；第五章介绍了情绪功能主义这一理论视角，剖析情绪在人类隐私行为的决策过程中所发挥的诸多作用；第六章将视角转向人们的身体展演行为，通过实证数据检验身体展演和人际互动之间的关系；第七章为探索性研究，旨在厘清社交媒体上的感知真实性和表达一致性的关联；结语部分则探讨了智能时代社交媒体研究未来的可能走向。

　　本书的成书过程历时颇久，感谢陈永洁、刘雅涵、孔杭晨、武阳、张涛几位同学在原始资料摘译、文献资料收集等方面提供的帮助，并感谢各项目合作者的授权以及对本书出版的支持。本书基于笔者关于社交媒体研究的诸多成果而来，介绍了传播学、心理学等学科的一系列相关理论，涉及文献整理、问卷调查、深度访谈、焦点小组、计算机辅助内容分析等多种研究方法。凡此种种，构成了笔者近十年的学术研究之路。不足之处，还请诸位学者予以批评指正。

目　录

第一章

认识社交媒体

对于"互联网原住民"来说，社交媒体似乎天然存在。但任何一项媒介技术的发展均是循序渐进的，因此有必要回溯社交媒体的前世今生，并从可供性和传播模式上厘清社交媒体区分于其他媒介形态的本质特征。尽管社交媒体的"社交基因"可追溯到莎草纸时期，但由于篇幅限制，本章侧重于从电子媒介开始对其进行梳理。

第一节　社交媒体的缘起与发展

一、缘起

社交媒体的发展得益于人类沟通的需求以及数字技术的进步。"社交"是人类社会属性的体现，是刻在人类基因里的属性，原始社会时期的部落即是人类社交的载体。被视为社交媒体前身的论坛，其英文词源（Forum）出自拉丁语中的"广场"（Forum）一词，所谓广场即各类消息的汇集和分发之地。有学者认为，古罗马政治家以莎草纸写就的、用来交流政治消息的书信实质上已经具有了"社交"的属性（斯丹迪奇，2015）。具体来说，古罗马人很多时候并不将传递信件的范围局限于二人之间，有时也把信的副本送给别的朋友；有时也会抄录他人的文章或信件，附上自己的见解，并送给其他人，此类行为均扩大了文本传播的范围，使得信息具有了半公开的性质。而欧洲宗教改革期间印制的宣传小册子能够广泛传播，则离不开当时的印刷商利用人际网络的宣传来拓展销路（斯丹迪奇，2015）。这些关于社交媒体缘起的观点，无疑是基于人类社会本身所具有的网络属性以及社会运转对于信息的需求这两点而提出的。另有观点认为，社交媒体的缘起可以追溯至 1844 年 5 月 24 日，在美国华盛顿国会大厦联邦最高法院会议厅中，塞缪尔·莫尔斯向 40 英里以外的巴尔的摩发送了人类历史上的第一封电报——一系列由电子点和短划组成的代码所陈述的消息，"上帝创造了何等奇迹！"该观点是从媒介技术发展的视角出发，将社交媒体的起源追溯到电子媒介的诞生。

从信息传播、社交网络和媒介技术三个层面综合考虑，BBS（Bulletin Board Systems，电子公告板）论坛可以算作社交媒体的先驱。1969 年 9 月 2 日，互联网在加州大学洛杉矶分校实验室诞生时，仅仅可以完成两台计算机之间的数据传输。此后一段时间，计算机主要被大公司应用于专业领域，而非为私人信息的共享而设计，信息交换也以"点对点"的模式为主。1978 年，同属美国"芝加哥地区电脑爱好者小组"俱乐部的 Ward Christensen 和 Randy Suess 平时会一起交流搭建私人计算机的心得。由于该俱乐部成员经常把一些资料钉在一块软木板上，形成一个分享信息的布告栏，二人于是以实体布告栏为原型，搭建了线上的计算机爱好者公告板系统（Computerized Hobbyists Bulletin Board System），为俱乐部成员建立了一个线上资讯共享空间，实现了 300—600 名用户在该系统上发布内容和进行交流。随着技术的发展，BBS 的应用也不只局限在计算机爱好者当中，而是拓展至本地社区、粉丝社群、亚文化群体以及其他职业群体等。然而，早期的 BBS 多数是作为单独的系统运行的，上面包含的信息从未离开系统，用户只能与该 BBS 上的信息和用户社区进行交互。

当 BBS 不断普及时，人们越来越希望将分散的系统连接在一起，以便与远程用户共享消息和文件。1984 年，美国人 Tom Jennings 在已有的 BBS 基础上，开发出了可以互传信息的 FidoNet（惠多网），其核心是建立一个能够用于 BBS 之间通信的计算机网络，将分散在各地的 BBS 站点连接起来，实现 BBS 的远程连接。到 1991 年，FidoNet 遍布全世界，实现了在超过 30000 个公告板服务器的用户间交换电子邮件、聊天和交换文件等功能。据估计，1978年到2004年，世界上先后出现过超过10万个BBS。BBS实际是众人利用业余时间共同搭建组成的一个非营利性网络，这类论坛以共同的兴趣爱好或关注点为核心连接用户，以用户生成内容和用户自组织为运转逻辑，推动了互联网和新的媒介技术向着社交化的路径发展。伴随移动互联网和平台类软件的崛起，基于网页的BBS在2010年代开始逐渐走向下坡。

与此同时，个人电脑与互联网的普及使得即时通信成为人与人沟通的另一渠道。早期的即时聊天软件基于UNIX/Linux系统，在1970、1980年代用于工程师与学术界等专业领域的即时交谈。1996年由以色列的Mirabilis公司开发并推出的ICQ（源自英文短语I Seek You），成为首个被非UNIX/Linux用户广泛采用的即时聊天软件。与BBS公开、开放的交流不同，即时聊天软件的沟通是相对私密的、同步的，例如ICQ软件所提供的即时通信、联系人列表乃至于群组聊天的功能，多是针对较为封闭的人际沟通场景。时至今日，WhatsApp、LINE、Telegram、Skype、微信、QQ等即时通信软件仍然是人际沟通的重要渠道。现如今的社交媒体实际上兼具了BBS和即时通信的功能，于是信息传播呈现出特有的半公开、半私密的特征。

二、兴盛

谈到首个真正的社交媒体网站，就需要先了解经典的社交理论"六度分割理论"或称"六度空间理论"（Six Degrees of Separation）。该理论认为，世界上任何互不相识的两个人，只需要很少的中间人就能建立联系。1967年，哈佛大学心理学教授斯坦利·米尔格拉姆据此概念设计了一个"连锁信件"实验，他把一封写有波士顿股票某经纪人名字的信件发给美国不同城市的一些居民，要求这些人把信寄给自己认为接近该股票经纪人的朋友，这位朋友收到信后再依照同样的逻辑寄出信件。米尔格拉姆最后发现，大部分信件都寄到了该股票经纪人手中，到达的信件平均经手了6.2次。基于该实验，米尔格拉姆认为世界上任意两个人之间建立联系最多只需要6个人。尽管学界关于该理论中明确提出的"六度"存在争议，但这个理论延伸出来的"小世界现象"被大家所公认，即任何素不相识的两个人，通过一定的方式总能产生必然的联系或关系。这一逻辑不仅成为建立社交媒体网站的概念基础，也促进了日后社会网络分析方法的勃兴。

受六度空间理论启发，Andrew Weinreich 于 1997 年建立了首个社交媒体网站"六度空间"（Six Degrees.com）。该网站创立的初衷是试图将六度空间理论付诸实践。在该网站上，用户能够构建自己的朋友网络，并通过互相连接的社交图显示自己与其他用户之间的关系。用户还可以浏览朋友的朋友，以寻找可能的新社交连接。六度空间网站首次清晰、明确地展示了人际关系网的广泛性和连通性，同时也体现了由人与人互动构成的以个人为节点的关系网络开始萌芽。

21 世纪初，以用户的人际网络及社交关系为核心运作的社交媒体迎来了真正的大爆发，Friendster、MySpace、Facebook 等社交网站于世纪之初相继建立。2002 年成立的 Friendster 引入了"朋友"这一概念，引起了人们对在线社交的兴趣，在其鼎盛时期，用户数量高达 1 亿，因此其被认为是第一个真正在商业上成功的社交媒体平台。然而，Friendster 如今已销声匿迹，其发展可谓"成也朋友，败也朋友"。由于该网站发展迅速，网站技术难以跟上用户量激增带来的流量，造成用户体验不断下降，尤其在 2009 年 7 月期间，其因技术故障重新设计了网页界面，导致访问量灾难性地下滑，用户都流向了其他社交网络平台。对于社交网站而言，当一个普通用户开始离开，与之相连接的朋友网络也会随之迁徙，这便在人际网络中形成了所谓的"瀑布效应"，特别是如果一个网络中绝大多数的用户都只有两个朋友，整个网络就非常容易垮掉。这就是 Friendster 用户规模急剧下降的原因所在。

2003 年上线的 MySpace 则侧重于为用户提供多种模态的信息分享功能，与 Friendster 不同的是，MySpace 以用户的个性化分享为核心价值，鼓励用户在其网站上公开兴趣、爱好，分享音乐、图片和视频等信息，推动用户社交网络关系寻找互相之间共同的兴趣点，以"寻找并结交朋友的朋友"为使用的原动力。MySpace 抓住了年轻用户的两大诉求——个性展示和交友，2004 年和 2005 年成为其高速发展的两年。然而，2004 年，由马克·扎克伯格建成的 Facebook 后来居上，在用户体验和商业运营上压制了 MySpace，迅速成为社交媒体网站的巨头。Facebook 从最初面向哈佛大学的学生到迅速扩展到美国其他大学乃至全球范围。其引入了编辑个人资料、朋友添加、新闻动态、照片上传和用户评论等现在常见的社交媒体特性，并鼓励以现实中的人际关系（从校友关系到家庭关系、社区关系等）为基础建立线上的网络连接，这种线上与线下的联动方式，不仅帮助用户维持和拓展现有的社交关系，亦能支持用户利用网络找到失联已久的老友，于是获得了用户的青睐，迅速取得了成功。2021 年底，为推动元宇宙（Metaverse）的概念，扎克伯格将 Facebook 改名为 Meta。

2006 年，以"微型博客"为特征的 Twitter 横空出世，其产品创意源自公司创始人之一杰克·多西提出的一个设想——希望人们能够通过互联网以类似于手机短信的方式来进行交流沟通、分享观点。Twitter 的核心特征在于用户可以在 140 个字符（2017 年改为 280 个字符）以内分享推文。Twitter 侧重于用户生成内容，鼓励用户通过互相关注拓展社交网络以分享内容，强调信息传播速度和公开性。2022 年 4 月，埃隆·马斯克收购了该公司的部分股权，2023 年 7 月，Twitter 开始逐渐更名为"X"，并用新的黑白 X 标志取代以往的蓝色小鸟标志。

2010 年起，随着智能手机和移动互联网的普及，通过照片记录并分享生活日渐成为主流。在此背景下，Instagram 和 Pinterest 两大基于移动平台的应用程序于 2010 年问世，二者皆以图像记录生活和分享照片为特征，并向用户推广点赞、转发、评论等社交功能。Instagram 的显著特点是拍摄照片为正方形，类似即时成像相机等复古相机拍摄的效果，外加快拍的功能获得了年轻用户的青睐。Pinterest 则聚焦于以兴趣为核心帮助用户拓展关系网络，并采取瀑布流网格设计的移动页面提升用户的使用体验感。2016 年，字节跳动旗下的 TikTok 将短视频创作和社交网络分享结合，鼓励用户制作创意短视频并向自己的好友分享，该应用程序首先在海外年轻人中迅速流行，其后在全球范围内取得了成功，引得其他平台纷纷在短视频方面发力，社交媒体开始走向短视频化。

纵观社交媒体的发展历程，大体经历了如下阶段：一是以六度空间理论为蓝本的早期概念化阶段；二是结交线上好友阶段，例如以 Friendster 为代表的网站旨在帮助用户拓展社会资本；三是线下线上融合阶段，特别是 Facebook 将用户的线下人际网络迁移到线上世界，并以此为基础建立更大、更复杂的线上人际网络。

三、本土化

社交媒体在中国的快速发展是在世纪之交。早期国内的社交网站同样是以 BBS 论坛为主要样态，中国的 CFido 是 FidoNet 的一个分支站点，即中国惠多网。1991 年，FidoNet 在大陆的第一个站点"长城"设立，1992 年北京长城站点与汕头站点组成了国内最早的 BBS 交换系统，CFido 由此形成并逐渐走向盛行。高峰时期，其在国内有上百个站点，知名者包括北京的轻松快车、长城、西点军校、天堂、舒克，广州的新月。CFido 的网友可以算是中国最早的网民，其中不少人后来成为国内互联网企业的领军人物，比如腾讯的马化腾当时就是深圳的 Ponysoft 的站长，而金山软件的求伯君则是珠海西点的站长。

CFido 盛行于 1993 年至 1998 年间，从 1997 年开始，天涯、猫扑、西祠胡同等独立论坛如雨后春笋般出现。猫扑网创立于 1997 年，最初是为

TV Game（电视游戏）爱好者提供交流的空间，其后逐渐成为各类兴趣爱好者的天堂，一度成为各类网络流行语的发祥地。早期的猫扑网被用户称作一个"不论你多么奇怪、多么刁钻的游戏问题，都能找到答案的地方"。1998 年，由程序员"响马"（本名刘琥）成立的西祠胡同社区，是国内最早的大型综合社区论坛。1999 年，天涯社区建立，其注册用户超过 1.3 亿。诸如现象级的网络文学作品《明朝那些事儿》《鬼吹灯》等最早都连载于该社区，不少初代网红也在此崛起，显示出社交网络的巨大影响力。互联网技术的更新迭代致使这些风靡一时的网络社区如今已走向没落，如天涯社区 2023 年一度关闭，其后多次开启"自救计划"，并于 2024 年 3 月重启。

论坛的运营模式是以社群为核心，突出的是用户之间的交流互动，类似于好友相聚的沙龙。直到博客（Blog）的出现，"个人"的身份开始凸显，用户个人不再是社交网络中的寻常节点，而是将自己作为整个网络的中心节点。20 世纪 90 年代末，博客在国外市场流行起来。2002 年 8 月，方兴东等人开通"博客中国"网站，推动了该网络形式在中国的发展。博客的本质即是属于个人的网络主页，个人在该页面上实现内容的发布和与他人的交流。博客开创了"自媒体"的先河，因为个人通过其主页可以大规模地生产、传播信息，在此理念的影响下，以个体为中心的社会化网络社区开始走向全民社交。

1999 年，腾讯公司推出即时通信软件 OICQ（OPEN-ICQ）。在此基础上，该公司于 2005 年推出 QQ 空间这一产品，QQ 空间以 QQ 好友和空间好友为用户建立了基础网络关系，其所具有的个性展示特征，帮助用户以兴趣爱好为基础进一步拓展网络，同时，其按照年龄、职业、爱好、地域等细分关系鼓励用户建立同学录、同事录、同城好友等网络。2006 年，以 Facebook 为蓝本的"校内网"上线后，首先在大学生群体中掀起了"找朋友"的浪潮，其后，"校内网"改名为"人人网"，扩大用户群体；2009

年，开心网成立，成为国内首家以白领用户群体为主的社交网站。这类网站均以用户个人的展示和分享为中心，并通过各类关系网络进行传播，由此成为国内社交媒体勃兴的前奏。

2007 年成立的饭否网成为国内最早的微型博客网站。2009 年 8 月，新浪微博上线。随后，腾讯、搜狐、网易等多家互联网公司上线"微博"功能，但这些平台历经一番厮杀后又全线出局，如今"微博"一词已成为新浪微博的专属。与 Twitter 类似，微博同样鼓励基于用户关系分享、传播以及获取信息，为用户分享个人生活、讨论公共议题提供了平台，亦为名人推广、品牌营销带来了更多的曝光机会。微博的形式便于用户实时实地发声，激发了用户的表达欲望，它在技术和应用方面给原有媒体传播格局带来结构上的颠覆性冲击，其出现对于社交媒体的发展具有革命性的意义。

2010 年，Kik Messenger 的出现在国内外互联网行业获得了巨大关注，该应用程序基于手机通讯录来快速组建关系链。2011 年，腾讯公司以 QQ 积累的联系人和手机联系人为推广基础，推出了微信（WeChat）。基于现实联系人的强关系让微信迅速实现了数亿级用户数量的扩张。在技术功能上，微信将即时通信、群组聊天、公开展示（朋友圈）、寻找和添加好友（附近的人、搜索号码等）、公众号等功能整合在一款移动应用程序上。通过不断添加各种功能，微信不再局限于社交功能，而成为兼具支付、出行、生活服务等诸多功能的平台。平台化的方式离不开其内在的社交基因，平台化又增强了微信的社交属性，最终促使其成为国民级的应用程序。

移动互联网时代到来后，社交媒体日渐以手机应用程序的方式融入人们的日常生活。4G 和 5G 网络也助力那些能承载新的内容样态的产品不断涌现，尤其是短视频和直播作为一种维度更丰富的信息媒介，成为越来越多社交媒体用户传播和接收信息的渠道。诞生于 2011 年 3 月的快手，其最初是用来制作动图的手机应用。2012 年 11 月，快手从纯粹的工具型应用转型短视频社区，成为用户记录和分享生产、生活的平台，及至 2016 年 2 月，快手用户已突破 3 亿。2016 年 9 月，抖音在国内面市并迅速崛起，起先瞄准一线和二线城市的年轻用户，其后逐渐成为面向全年龄段的手机短视频社交软件，最终成为短视频社交领域的巨头。值得注意的是，随着直播电商的兴起，快手和抖音的社交属性在 2020 年后日渐淡化，电商化的倾向则越发显著。

以抖音和快手为代表的短视频社交平台突破了早期互联网用户对社交媒体的想象。在传播方式上，用户之间的互动性和共享性更为凸显。一方面，这类平台通过通讯录、推荐关注等多种途径，有效地引导用户在平台上建立起一个独立且丰富的社交网络；另一方面，用户可以通过点赞、评论、分享等方式与创作者或其他用户交流，平台还鼓励用户采用"挑战"和"合拍"等形式进行视频创作和互动。在传播内容上，短视频社交平台以"记录生活"的口号鼓励用户上传和分享短视频，并提供了简单便利的剪辑、特效、配音、音效等功能。作为内容创作者的用户能够对自己的作品进行个性化设计和编排，增添了传播内容的娱乐性和趣味性，提升了视频呈现的效果和视觉体验。由此，用户之间建立了情感共鸣，形成了一个视频共创、共享的社区。

除上述平台化的社交媒体以外，2010 年前后出现了一系列基于弱关系或兴趣爱好而结成网络的社交媒体，其中包括以用户共同话题为基础的豆瓣、果壳、知乎等网站，以陌生人交友和地理位置为基础的陌陌、Soul 等移动应用程序，以及以分享消费体验为内容基础的小红书等。中国社交媒体的成长从效仿国外平台起步，随后便进入了本土化阶段，这种本土化不仅表现在内容创作本土化，诸如本土品牌、本土产品、传统艺术方面的内容在社交平台上达到前所未有的热度，也表现在平台结合本土市场和本地用户特征研发出具有特色的功能，诞生了一系列社交平台与应用程序。特别是平台依据在地经验增加了符合国内本地生活服务的设置，如基于位置服务的打车软件具有"帮人打车""分享行程"等社交功能，又如基于二维码的线上社交入口，再如短视频直播则融合了即时性、社交性和交易性。正因如此，"海外版抖音"TikTok也风靡全球，成为中国社交平台崛起和引领行业的标志。

如今的社交媒体呈现出以下特征：其一，社交媒体中用户个人的中心性日益凸显，即从以用户之间的关系为中心转变为以用户为中心，早期用来吸引用户的"拓展和维持社交关系"这一技术特征如今已成为社交网站的基本属性和底层逻辑；其二，从文字到图片再到短视频的演变体现了内容呈现方式的不断丰富，好友关系、地理位置等信息的呈现也拓展了用户分享信息的方式，这些无疑能够激发用户记录和标记生活片段的兴趣；其三，算法的进步促使个性化推荐技术成为平台向用户分发内容的主要手段，按照浏览记录、好友关系、地理位置、兴趣爱好的推荐方式诚然能够提升用户体验感，帮助用户高效获取信息，但牵扯到的隐私侵犯问题也日渐显现。这些特征意味着，原本敏感的、隐私的个人信息经由用户的分享和社交媒体平台的传播变得公开化，用户在平台上的表达行为也带来了相应的隐私风险。

第二节　社交媒体的定义与特征

一、社交媒体的定义

如今的社交媒体网站更注重以用户为中心的交互模式，该互联网模式也常被称作"Web 2.0"模式。在该模式下，"用户"一词蕴含着双重含义，即他们既是内容的浏览者，也是内容的生产者。用户生成内容由此成为社交媒体的鲜明特征，因此，社交媒体网站不局限于严肃话题，更倾向于个人日常生活的分享，呈现的是日常社交的普及。这对于互联网行业而言是具有转型意义的，因为这意味着人与内容的交互开始向人与人的全民社交转化，"社交"的理念深入人心，"泛社交"由此成为趋势。越来越多的网站、平台或是应用程序接入社交功能，既要"内容为王"又要"连接一切"，催生出更多细分的社交形态。毋庸置疑，媒介化与社会化在当今社会已融为一体。社交媒体"以用户为中心"来组织和传播内容，也因此构建起新的社会网络和社交模式。例如，在社交媒体刚刚兴起的阶段，用户的关系网络大多是反映人们在现实生活中的社会关系，这类网站的目的是帮助用户更好地管理自己的人际资源、处理好人际关系；而当社交媒体融入日常之后，用户关系亦不再拘泥于现实，甚至很多关系是在线上建立的，他们基于兴趣爱好、地理位置、好友关系推荐等方式从陌生人变成网友，又通过"面基"将线上的网友关系迁移为线下的好友关系。

　　尽管社交媒体平台的不断涌现令人眼花缭乱，但其本质皆以"社交"为核心，只是不同的平台各有侧重，这种侧重体现在学界对于社交媒体（Social Media）和社交网络站点（Social Networking Sites）的不同定义。社交媒体是指，基于 Web 2.0 的思想和技术基础，允许用户创建或生成内容（个人生活、意见、见解、经验或观点等），并基于用户关系进行信息交换的互联网应用程序（Kaplan & Haenlein, 2010）。社交网络站点则是指基于社会网络的互联网服务平台，在这类平台上，用户在一个有边界系统内构建一些公开或半公开的个人资料，展示与之连接的其他用户的列表，以及允许他人查看和浏览他们的连接列表，并能与这个列表中的其他人建立新的连接（Boyd & Ellison, 2007）。显然，前者聚焦于"用户生产内容"的媒体属性，侧重网民自发贡献、提取、创造新闻资讯、观点见解、生活经验等信息内容并利用关系网络加以传播。后者强调的是人际关系形成的网络以及社交关系的拓展性和连接性，侧重人际互动的过程。就实践层面而言，任何一种社交媒体都离不开用户的社会网络，同时也离不开用户生成内容。因此，本书中并不严格区分上述二者的定义，而以"社交媒体"作为统称。

本书中所指涉的社交媒体是指基于用户关系形成的，用以创作、分享、交流信息、观点及经验的虚拟社区和互联网平台，这类平台以用户生成内容为核心，以用户之间的关系为纽带，现阶段包括微博、微信、博客、论坛、播客以及短视频平台等。在这类平台上，用户可以交友、聊天、获取资讯、浏览信息、购物，也可以与他人之间交流见解、共享信息、分享情感。简言之，社交媒体的实质体现在：其一，基于 Web 2.0 技术的应用，以实现用户的主动参与和交流互动；其二，用户创建和管理个人资料，展示和分享个人的基本信息、兴趣、关系等；其三，用户生成内容（文字、图片、视频等）是此类平台的核心；其四，用户之间的连接和互动形成关系网络，用户可以在此类平台上建立和维护社交关系。显然，这四个层面反映出用户的内容和关系是社交媒体得以依存的根本，满足用户多样化、个性化的需求是平台生存和发展的关键。

有学者依据社交媒体的内在属性将国内纷繁复杂的诸多社交媒体平台划分为四种类型，分别是平台型、社群型、工具型和泛在型（谭天、张子俊，2017）。

平台型社交媒体是指通过构建互联网空间或场所聚合资源和关系，为传媒经济提供各类技术手段、服务产品以满足用户各类需求，从而实现产业价值的媒介组织形态。平台型社交媒体的典型代表是微博和微信，这类媒体的核心功能在于聚合资源、响应需求、创造价值。社群型社交媒体则侧重"社群"这一概念，更强调社区中的用户，以及用户群体的归属感和认同感。所谓社群是指有共同爱好、需求的人组成的群体，他们构成了一定的社会网络，并且通过话题讨论和不断互动，成员逐渐融入社群。社群型社交媒体体现了互联网的连接特性，即从去中心化又回归到再中心化，社群型社交媒体的代表如早期的各类论坛以及豆瓣等以兴趣为核心的网站。工具型社交媒体的重点在于"工具"或者说功能性场景，运营方以此为基础将社交元素纳入其中，因而，社交是该类媒体中的重要元素但并非主导元素。工具型社交媒体比如滴滴、网易云音乐，其模式是建立在满足用户需求的基础上，继而在相应的应用场景上拓展适合的社交模块。泛在型社交媒体是将具有社交属性的内容嵌入各类媒体形态中。有学者认为，泛在型社交媒体所体现的是一种运营理念，即将"无处不在、无时不在的社交连接"纳入各种各样的内容、服务之中，典型体现如二维码（谭天、张子俊，2017）。二维码能够在任何场景、任何时间、任何媒体上的特性使得用户能够轻易实现连接，这种"万物皆媒"的观念拓展了社交媒体的使用边界。

二、社交媒体的可供性

尽管社交媒体存在多种类型，但它们具有一致的技术特点以及相似的用户使用方式，这使得社交媒体区分于传统媒体或是其他电子媒体。要探讨社交媒体本身的特征，就要结合其技术特性、功能特征、用户行为等面向展开，这需要将可供性概念纳入本部分的分析框架中。

可供性（Affordance）这一概念最初是由美国生态心理学家詹姆斯·吉布森在1979年提出的，是指动物对特定环境中事物所能感知到的行动可能性（Gibson，1979）。这一概念反映了行动者和"物"之间的互动状态，既体现了行动者（人物、动物、生物体）的主体性和能动性，又显示了"物"的功能所具有的多样性、可变性，同时体现了环境对于行动者和"物"互动的制约和影响。简言之，可供性既不是客观属性，也不是主观认知，而是用以描述"人"与"物"或"环境"之间的交互状态。随后，社会科学研究者将这一概念由生物与自然环境的范畴延展至人类的社会技术环境，成为设计学、传播学、社会学等学科领域的关键概念，被研究者们用以解释感知者与所处环境的互动关系。设计心理学学者唐纳德·亚瑟·诺曼（Donald Arthur Norman）于 1988 年提出了"感知可供性"的概念，强调物体具备被感知的属性，因此设计师通过对物品相应的设计影响用户的感知和使用方式。设计师将门把手设计为抓握的可旋转的样貌，使用者无须看使用说明即可理解其使用逻辑。在智能手机上，手机程序的界面设计同样遵从如是理念，即所设计的"物"或者功能具有明确的被感知的某种特性，其功能是不辩自明的，使用者无须经过复杂的思考或是阅读说明即可操作。

1991 年，威廉姆·盖弗（William Gaffer）首次将可供性概念引入媒介研究领域，并提出了"技术可供性"这一概念用以分析报纸和电子媒介的物质属性和不同功能属性如何影响人们的使用方式，换言之，不同的媒介技术具有不同的可供性，这些可供性相应地限制了它们被书写或者阅读的方式。2001 年，社会学家伊恩·哈奇比（Ian Hutchby）提出"传播可供性"的概念用来研究电话的功能和使用方式对个人身份标识及社会地位的影响，在这一研究语境下，可供性解释了技术物的功能和交互方面的属性，技术物的可供性架构（framing）因而决定了其被使用的可能性。2003 年，加拿大社会学教授巴里·威尔曼（Barry Wellman）用"社会可供性"借以描述互联网技术给人们日常生活中的社会互动所带来的影响，尤其观照用户与互联网诸多功能的互动过程，凸显了可供性概念的社会属性。

自此，可供性概念为学者们提供了研究数字技术和用户互动过程的基石，此概念在技术决定论和社会建构论的两个极端之间找到一个平衡：一方面，技术特征或技术功能为用户提供用途的可能性，但并不能完全决定用户使用的结果；另一方面，用户负责使用技术所产生的结果，用户能够在某些情境下突破技术在设计之初的目的，但最终要受制于技术条件。以社交媒体常见的点赞功能为例，该功能在设计之初是为了方便好友之间的"一键互动"，但实际中很多用户将"点赞"作为收藏功能来使用，用以标记自己希望日后再看的文章或内容。不过，用户对"点赞"功能的使用也仅限于此，不可能突破其本身的技术限制。

电子媒介技术的发展促使越来越多的学者关注于探讨媒介技术的可供性。2015 年，美国学者安德鲁·施罗克（Andrew Richard Schrock）将"传播可供性"概念用于理解移动媒体，指出了移动媒体具有便携性、可用性、可定位性和多媒体性四个维度的可供性特征。正是移动媒体所具有的这些可供性使其成为人们日常生活中不可分割的一部分。彼得·纳吉（Peter Nagy）和吉娜·内夫（Gina Neff）两位学者提出了"想象可供性"这一概念，在用户和媒介技术的交互过程中，以凸显用户所具有的主体意识、主动性以及能动性。想象可供性这一概念包含了中介、物质性和情感这三个面向，其核心在于，用户会对具体的媒介技术如何使用产生特定的想象，这种想象的使用方式影响了他们在媒介互动中的实际使用方式。例如，当年盛极一时的"帝吧出征"网络现象，是大规模用户在百度贴吧既有的技术特性基础上，利用其发帖功能，实现有组织的"刷屏""屠榜"，这显然超脱了百度公司对于贴吧功能的最初设想。

2017 年，学者莱斯等人认为可供性在本质上与媒介勾连，因此提出了媒介可供性（Media Affordance）的概念，用以描述某一特定背景下用户感知到的能够使用媒介展开行动的潜能和媒介潜在特性、能力、约束范围之间的关系（Rice et al., 2017）。这意味着，用户能从自身的需求或目的出发，具有在特定的语境中使用一种或多种媒介展开行动的可能性。媒介可供性的概念在媒介决定论和受众感知之间提供了一种平衡的视角，以更为深刻地理解人与媒介技术以及所在语境的互动与关联（蒋俏蕾、张自中，2022）。

同年，潘忠党提出应当在新媒介的语境下进行关于"可供性"的探讨，他认为可供性可以作为衡量和比较不同新媒体的整合概念或者指标。具体来说，考虑新媒体媒介可供性的三个维度：生产可供性、社交可供性和移动可供性（潘忠党、刘于思，2017）。其中，生产可供性是由数字技术所构建的媒体平台降低了内容生产的壁垒使得人人皆可参与信息生产，大数据等新技术的引入使得信息生产以及新闻生产有了更为丰富的手段；社交可供性是指多元主体能够参与新闻生产、内容生产、信息生产，但这种参与是非持续的、分布式的以及对话式的协作；移动可供性则是指数字技术的普及使得媒介消费不再囿于时空的限制，用户能够在不同的时空或是具体的场景而消费媒介内容。在三种可供性上水平越高的媒体，往往被认为是越"新"的媒体，同时也具有更加开放、更具创新性的力量。

自可供性概念进入传播研究以来，其理论内涵被不断延展。有人认为其可能会复杂化并且模糊化媒介技术的物质性与用户行为之间的界限，但万变不离其宗，这一概念强调人们是如何形成对技术的期待，用户并不是技术的被动接受者，也并不完全受制于技术，他们的主动性促使其积极地利用甚至创造性地使用技术，其行为、需求和偏好对于媒介平台的发展至关重要。由此，在传播学的视角下，对于可供性的理解包括：（1）可供性所指涉的不是静态的技术特征；（2）可供性指的是人和技术活动的过程，能够引发相应的行为结果，但可供性并不是结果的本身；（3）可供性存在变异性，即用户基于同样的技术特征能够实施不同的使用行为，从而获得不同的行为结果。

基于对可供性的梳理，可以将社交媒体的可供性归结为五个特征：持久性（Persistence）、可见性（Visibility）、扩散性（Spreadability）、可检索性（Searchability）以及可分享性（Shareability）。持久性是指社交媒体上的内容可被自动记录并且在平台上长期存放；可见性则是指内容能够被观看、接近，以及被陌生人潜在观看；扩散性是指用户发布的内容不仅在自己的社交网络上存在，亦可能被复制到其他社交群体中，从而在不知情的情况下大规模传播；可检索性是指社交媒体上的公开内容可以通过搜索被其他人访问；可分享性是指社交媒体上发布的内容在用户的关系网络中被分享的可能性，这种分享既包括公开地分享到他人的社交媒体上或网络群组中，也包括在私下分享。社交媒体的这些可供性特征在空间上和时间上拓展了信息传播的广度和深度，帮助用户共享相同的网络时空，信息的留存与分享成为社交媒体平台生存和运营的关键所在。

这些可供性特征亦给用户带来了巨大的隐私风险，甚至极其容易导致隐私侵犯行为的发生。最为常见的即是"人肉搜索""挖坟"以及大规模"网暴"行为，这些显然是用户个人信息被平台或是他人有意无意泄露所致，成了社交媒体可供性特征带来的负面影响。因此，社交媒体的可供性特征具有信息留存、公开和分享的可能性，这种可能性却限制了用户的行为，特别是在个人信息的分享方面。例如，近年来用户越来越不愿意在社交媒体上分享生活内容，甚至采用屏蔽和分组可见功能已成为常态。鉴于社交媒体的网络连接度、信息分享的深度和广度为用户带来了诸多不可控的风险，用户一方面依赖于平台提供的隐私管理功能控制信息分享的范围，另一方面在使用过程中，其不断探索与尝试，建立了许多隐性的隐私应对策略，例如使用小范围群体才能理解的"黑话"来表达自己的情绪或者意见。

三、大众—人际传播模式

社交媒体的可供性特征和信息传播渠道的融合意味着个人可以选择性地利用单一媒介中的多个渠道进行交流，也可以使用不同个性化级别的信息，从而创建一个单通道环境，其中各种类型的通信之间存在复杂的交互。这种融合显然挑战了人们对于传播范式的既有理解。传统媒体时代，人们常将传播渠道理解为大众传播或者人际传播。大众传播研究认为，（a）传播需要使用传统的大众传播，一对多的渠道（如电视、广播、报纸）和（b）通过大众传播渠道传递的信息属于大众传播的范畴。相应地，人际传播研究则认为，（a）人际传播通过传统的人际一对一的渠道发生，和（b）通过人际传播渠道传递的信息被认为是人际传播的范畴。传统意义上的这种渠道区分显然无法理解社交媒体上的信息流动模式，即社交媒体上的信息传播既包括一对多的公开模式，也包括一对一的相对私密的模式，甚至包括多对多的模式。

基于此，有学者认为社交媒体融合了大众传播和人际传播的模式，兼具二者的特征，继而提出了"大众—人际传播"（Mass-Personal Communication）模型（O'Sullivan & Carr, 2018）。该模型的核心观点在于：在新的媒介技术条件下，人们既可以用传统的大众传播渠道进行人际互动，又可以通过人际网络关系进行"广播"，还能够同时实现人际交流和大众传播。大众—人际传播的概念挑战了信息传递的渠道决定传播类型的经典假设，因此，不能单纯地以媒介技术、渠道特征、媒介接触设施的可供性等为尺度来单独衡量信息传播的模式，而应该考虑传播者的具体行动以及相应的场景。大众—人际传播的概念源自对研究者在社交媒体平台上对下列情形的观察：（a）个人能够使用传统大众传播渠道进行人际传播，（b）个人也能够使用传统人际传播渠道进行大众传播，以及（c）个人能够同时进行大众传播和人际传播。这些情形尽管司空见惯，但研究者将其总结并概念化，旨在凸显以用户为中心的视角的重要性，这一视角更侧重传播者的活动，能够更为准确地理解传播事件，而不是侧重用于传播的特定技术。

大众—人际传播模型认为人们的传播活动主要在个人化（Personalization）和信息可访问性（Perceived Accessibility）两个维度上发生变化。由此，人际传播被重新定义为高度个性化但信息可访问性较低的类型，而大众传播则被认为是传播个性化程度较低但信息易于被访问的类型。这两个维度构成了一个理论框架来解释不同的传播类型，不仅为大众传播和人际传播提供了新颖的理解视角，展示了它们之间的联系，更能够全面涵盖日益增多的新型信息传播方式——而这些新出现的信息传播类型是无法被置于大众传播或人际传播的传统框架下加以定义的。

在大众—人际传播模型的视角之下，社交媒体首先有助于传递私密和个性化的信息，具有人际传播的属性。典型如微信的聊天功能，微博的私信功能，Facebook 用户可以用私人消息与他人进行个人交流。即使是在 Twitter（X）这种可公开访问的平台上，用户也可通过 @ 功能来向特定用户传送高度个性化的信息。社交媒体其次能够帮助用户获取广泛且一致的信息，即具有大众传播的属性。从博客、播客开始到以 YouTube、腾讯视频、哔哩哔哩为代表的长视频平台，以及以抖音、快手等为代表的短视频平台，使得个人能够录制原创内容并向无差别的受众广泛传播，削弱了传统电视台和广播电台在媒体环境中的作用，甚至 Twitter（X）、微博等基于文本的社交媒体平台也被个人用来快速播报新闻事件。各类舆情事件即是依靠社交媒体这种一对多的自媒体传播方式而形成的。更为关键的是，社交媒体的大众传播属性已不再是传统电视台的补充，而是成为人们获取公共信息的主要渠道。社交媒体最为独特的属性在于这类平台能够轻松促进传统人际传播和大众传播的融合，实现公开但又高度个性化的信息传播。例如，微信、微博、Facebook 等平台的用户可以在自己的页面上发布个性化消息（如"生日快乐！"），但该用户网络上的所有成员都可以看到，或者通过分组、标签等功能来定制公开的范围，这是最为典型的大众—人际传播模式。

从大众—人际传播模型的两个维度来看，不同社交媒体的公开性不尽相同。以微博和微信为例，微博的公开性和公共性远强于微信（方兴东等，2013）。微信用户的社会交往具有个人私密性较强和准实名制的特征；微信的大众传播能力薄弱，即微信的传播范围主要局限于微信好友之间（除非用户主动设置"非好友也可看到朋友圈"）；以及微信用户的网络社交是一种以强关系为主的社交关系。相比之下，微博的大众传播能力更强，以及社交空间更加广阔、开放。微博的"关注"功能很容易将人际关系从熟人拓展到陌生人或很容易在陌生人之间拓展社会关系。这种松散的社交关系和简易的社交方式使得微博具备了较强的大众传播能力。此外，微博的

　　"转发"功能也使得微博内容易以一种爆发式、裂变式的传播模式拓展。从传播的个人化来说，微信好友之间多可以进行一对一、点对点的交流，用户在微博上则是面向较多的公众或是潜在的陌生人，难以点对点传播。从信息可访问性的角度来看，在微信上，非好友的用户很难获取到他人微信朋友圈的内容，但这种界限在微博上显然不存在。

　　大众—人际传播模型有助于理解社交媒体如何重新形塑了人类传播活动，特别是模糊了大众和人际之间的界限。这种传播活动的模糊实质上体现了社交媒体所导致的公共空间和私人空间二者的界限变得模糊。如此一来，社交媒体更像是一个"半公开"（Semi-Public）的空间，而在这种半公开的空间中，用户一方面通过自我披露和自我呈现来满足主动表达的需求，另一方面又采取各种隐私管理的手段来控制个人信息传播的范围。简言之，这种大众—人际传播模式所产生的"半公开"特征造就了社交媒体用户日常的隐匿和表达行为。

参考文献

[1] Boyd D M, Ellison N B. Social network sites: Definition, history, and scholarship[J]. Journal of computer-mediated Communication, 2007, 13(1): 210-230.

[2] Gibson J J. The ecological approach to visual perception [M]. New York: Psychology Press, 1979: 127.

[3] Hutchby I. Technologies, texts and affordances[J]. Sociology, 2001, 35(2): 441-456.

[4] Kaplan A M, Haenlein M. Users of the world, unite! The challenges and opportunities of Social Media[J]. Business Horizons, 2010, 53(1): 59-68.

[5] Karahanna E, Xu S X, Xu Y, et al.. The needs - affordances - features perspective for the use of social media[J]. MIS Quarterly, 2018, 42(3): 737-A23.

[6] Nagy P, Neff G. Imagined affordance: Reconstructing a keyword for communication theory[J]. Social Media+ Society, 2015, 1(2): 2056305115603385.

[7] Norman D A. The psychopathology of everyday things[M]. New York: Basic Books, 1995: 5-21.

[8] O'Sullivan P B, Carr C T. Masspersonal communication: A model bridging the mass-interpersonal divide[J]. New Media & Society, 2018, 20(3): 1161-1180.

[9] Rice R E, Evans S K, Pearce K E, et al.. Organizational media affordances: Operationalization and associations with media use[J]. Journal of Communication, 2017, 67(1): 106-130.

[10] Schrock A R. Communicative affordances of mobile media: Portability, availability, locatability, and multimediality[J]. International Journal of Communication, 2015, 9: 18.

[11] Wellman B, Quan-Haase A, Boase J, et al.. The social affordances of the Internet for networked individualism[J]. Journal of Computer-Mediated Communication, 2003, 8(3): JCMC834.

[12] 方兴东，石现升，张笑容，等 . 微信传播机制与治理问题研究 [J]. 现代传播（中国传媒大学学报），2013，35（06）：122-127.

[13] 蒋俏蕾，张自中 . 全媒体时代的决策与素养：媒介可供性与分布式认知 [J]. 中国新闻传播研究，2022（03）：120-132.

[14] 潘忠党，刘于思 . 以何为"新"？ "新媒体"话语中的权力陷阱与研究者的理论自省——潘忠党教授访谈录 [J]. 新闻与传播评论，2017（01）：2-19.

[15] 谭天，张子俊 . 我国社交媒体的现状、发展与趋势 [J]. 编辑之友，2017（01）：20-25.

[16] 汤姆·斯丹迪奇 . 从莎草纸到互联网 [M]. 北京：中信出版社，2015：5.

第二章

理解社交媒体用户

人们通过社交媒体获取信息、社会交往、展示自我、参与游戏甚至购买产品等。学界从诸多角度对社交媒体用户的日常行为进行了分类，以便更细致全面地理解用户行为背后的动因与行为所带来的个人后果和社会影响。现有研究更多地将重点放在了人们的表达行为上，但人们隐藏自己的个人信息、控制信息的传播范围等行为同样是其日常使用中不可分割的一部分。本章将从"表达"和"隐匿"两种行为层面去理解社交媒体用户。

第一节　社交媒体用户的表达行为

一、主动行为和被动行为

社交媒体用户的日常使用行为可以置于大众—人际传播模型的视角之下来加以审视。我们往往通过社交媒体与他人进行人际互动，或是私信聊天或是在评论区点赞、互动，此类行为多是主动发生的；而除了自媒体用户，大多数用户往往通过诸如微博、微信公众号、短视频等渠道获取各类新闻资讯，此时的行为多为被动地浏览，而非主动创造或是生产内容。由此可见，社交媒体用户的日常使用行为可以分为主动使用和被动使用。简言之，主动使用（Active Use）是指在社交媒体上发帖、点赞、评论内容以及互动等主动发起的行为，被动使用（Passive Use）则主要指的是浏览他人的帖子或朋友分享的内容而不参与任何互动的行为。

就用户行为的公开性或私密性而言，又可以具体划分为公开的主动使用（如在朋友圈、微博公开发布帖子以及与他人评论互动）和公开的被动使用（如浏览信息流新闻和查看帖子）；以及私密的主动使用（如朋友之间的私聊或是在小群组内互动）和私密的被动使用（如匿名化或用小号浏览新闻及信息内容）。研究发现，用户的这些行为并不平均，私密的主动使用发生的频率甚至可以达到公开的主动使用的两倍（Faelens et al., 2019）；并且私下使用的行为中，主动行为和被动行为难以区分，但比公开使用的行为更加同步、亲密。现有文献中多采用这种"主动—被动使用"的二分法来考察社交媒体对用户心理健康的影响，一系列实证研究得出的结论表明，积极主动的社交媒体使用行为增加了社交联系、社会支持以及社会资本，从而增强了他们的积极情绪和幸福感；而消极被动的使用行为往往会引起社会比较心理，特别是向上比较的心态，继而导致嫉妒、焦虑乃至抑郁倾向（Guo & Chen, 2022; Valkenburg et al., 2021）。

上述文献显示出"主动—被动"模型在研究中的应用范围，即社交媒体使用和用户心理的关系。这就提供了了解社交媒体用户行为的框架，但不能深入理解用户使用社交媒体的动机、忧虑和障碍，没有体现出用户为了保护个人隐私而做出的努力。例如，从避免隐私侵扰的角度考虑，我们能够想象出用户会因规避隐私风险而减少主动使用的行为，但继续保留其被动使用的浏览的行为，如此一来，社交媒体的大众传播属性变得明显。然而，我们在实际生活中的感知是，尽管受到个人信息泄露的影响，用户依然会活跃地、主动地使用各类社交媒体。

二、自我呈现

现有研究中关于社交媒体用户行为主要集中在自我呈现或者说印象管理这一领域。自我呈现（Self-Presentation）的概念可以追溯到 19 世纪末芝加哥学派所主张的"符号互动论"。芝加哥学派的奠基人乔治·米德（George Herbert Mead）认为，"自我"是在"主我"和"客我"的互动中形成的，"自我"形象的建构与展现离不开社会情境。在此基础上，欧文·戈夫曼（Erving Goffman）在他的成名作《日常生活中的自我呈现》一书中，提出了经典的拟剧理论，用戏剧来隐喻人们日常生活中的行为，分析微观层面的社会互动（Goffman, 1959）。换言之，戈夫曼从微观社会学的角度切入，以表演来类比社会互动中个体的行为，并采用戏剧中的各类要素来研究这些行为，其中包括"演员""观众""剧本"，以及各种"前台"和"后台"等要素。所谓演员即社会互动中的主要参与者，剧本是交流的各方共同编写的互动规范，前台用以被他人（观众）观察"自我"的表演，后台则是其他人观察不到的区域。

戈夫曼在拟剧理论中提出了印象整饬或者说印象管理的概念，他认为个体为了提升自己在社会互动中的形象和评价，也会有意或无意地运用某种技巧来塑造自己的形象，包括装扮自己的外貌、使用恰当的言辞和表情等，以期使他人形成对自己的特定看法。这种印象管理的行为类似于戏剧演出中演员在台上通过诸多努力来修饰自我形象，精心展现自身最好的面貌，继而获得观众的认可。因此，日常生活中的自我呈现即个人向他人展示、呈现有关自己形象或个人信息。一方面，人们可以呈现符合自我想象的形象；另一方面，自我呈现旨在满足观众的期望和偏好。

戈夫曼总结了自我呈现的重要元素，具体包括以下几个。

信念感：是个人对自己所扮演角色的信念，这使观众只能试着猜测表演者是真诚的还是勉强伪装的。

"面具"：这是表演者控制观众对他们的评价的一种标准化、可推广和可转移的技术。鉴于每个人都扮演着不同的社会角色，这意味着人们一生中会戴上不同的面具。

戏剧化：当表演者想要强调某件事时，他们会继续进行戏剧化演绎，例如，人们在约会时会展示自己多么有成就，以给人留下良好的第一印象。

理想化：观众通常对给定的情境或是演出有着特定的期望，表演者会尝试根据这个想法进行表演，这种表演会以理想化的方式（包括戴上"面具"、强化戏剧化呈现）呈现，以契合观众的期待。

神秘化： 表演者向观众隐瞒某些信息，这可能是为了增加观众的兴趣，也可能是为了避免泄露对其自身造成损害的信息。

角色控制： 表演者需要在情境中始终保持其"角色"特征。表演者必须确保发出正确的信息，并抑制误导性信息，以保持角色始终在线。例如，教师在课堂上要始终维持其"教师"的角色，在课堂上接听家庭电话则可能会导致其跳出当前角色，影响观众（学生）的观感。

错误呈现： 表演者需要避免传达错误信息。尽管观众倾向于猜测表演者究竟是真实的还是虚假的，表演者通常希望避免观众产生误解的危险。例如，在面试当中，面试官总是试图弄清楚求职者的真实情况，而求职者则需要避免这种风险，甚至避免面试官的猜测。

显而易见，对戈夫曼来说，自我是一种自我意识，自我在社会互动中所展现的样貌是从当时的情境中产生的戏剧效果。这种有策略的呈现往往取决于其时间、地点和观众。由此，戈夫曼将日常生活的场景分为了前台和后台，人们在前台运用各种符号性工具包装和"表演"某种角色，或者是某个方面的自我。在后台，人们可以卸下面具，呈现出真实的自我。

早期对印象管理的研究主要集中在其操纵性和不真实的用途上，比如在求职面试中夸大成就以获得工作的人。实际上，尽管人们有能力操控自己的形象展示，但这并不意味着人们在前台表现的自我都是失真的。现有文献发现，自我呈现往往是真实的，反映了人们试图让别人准确地看待他或她，或者至少与他或她对自己的看法一致。人们会向不同的受众或在不同的前台场景展示自己的不同方面。譬如，一个男人向他的密友展示的自我可能与向他的祖母展示的自我不同。这表明自我就像一颗有多个切面的宝石。宝石可能会因观察的角度不同而呈现出不同的面貌，而各种表象都是真实的。

即使人们知道展示的自我形象是表演性质的，他们也可能开始内化这种自我形象，从而最终相信这种自我呈现。例如，一个学生最初可能展现出好学生的形象，虽然这并不符合事实，但在参加了几周的所有课程、在办公时间拜访老师，并在课堂上积极互动之后，他可能会开始认为自己确实是一名好学生。当人们公开承诺自我形象、行为至少在某种程度上与自我形象一致，或者因展现自我形象而获得积极反馈或其他奖励时，这种内化过程最有可能发生（Schlenker, 1985）。换句话说，自我呈现是一个人基于文化价值观、规范和信仰向另一个人展示自己的方式，也是旨在改善个人公众自我形象的社会行为。

自我呈现这一话题的核心是观众。没有观众，就没有自我呈现，因此人们呈现的内容取决于所面对的观众，朋友、恋人、雇主、老师、孩子，甚至陌生人。选择性的自我呈现因受众而异，因此人们可能以某种方式向一个受众展示自己的某些方面，但以不同的方式向另一个受众展示自己身份的不同部分（Goffman, 1959）。Schlenker（1985）确定了三种可能见证一个人自我呈现努力的受众。"互动者"是实际接收一个人自我呈现信息的人。"想象的受众"是人们在进行自我呈现时考虑的内化受众（Schlenker, 1985）。例如，在发布信息之前，人们可能会考虑父母、老师或神职人员如何看待它。当然，人们有时甚至只为自己进行自我呈现。例如，人们想要宣称某些特质，如风趣、聪明、善良、有道德，他们甚至可能在私下里表现出与这些特质相符的行为。根据自我验证理论，他人对自己行为的反应是影响一个人自我概念的重要因素，因此在自我呈现过程中，自我和受众或是想象中的受众所进行的互动，能够帮助人们验证并不断发展自我的概念（Swann, 1983）。

社交媒体的出现为人们的自我呈现提供了更多的可能性。拟剧理论中对于各类场景或者各类前台、后台的划分是基于有形界限内有组织的社会生活，即社会生活的发生往往在物理空间之中，而这限定了人们的角色或者自我呈现的内容，如公司中的老板和员工、教室中的老师和学生、饭店里的顾客和服务员等。而社交媒体则释放了人们自我呈现的潜力。一方面，人们在不同的传播渠道中采用不同的呈现策略。显然，在一对一的私聊、群组聊天，以及发帖的公开空间中，人们所要展现的自我面向不同，即使是同样的自我面向，在不同的渠道下，人们也会采取不同的策略。另一方面，相较于面对面交流，人们在社交媒体上，不再受制于物理空间或具体的场景，能够更加有选择性地设计自我的形象。比如，人们还能够进行身份操纵来改变自己的性格甚至外貌的呈现，以提高人际吸引力，也可能更加表现出与现实中的角色一致的形象，以获得人际认同，又可能参照自己的偶像或是内心想象，塑造一个完美的人设，即社交媒体上用户能够依照自己的偏好塑造理想的自我、真实的自我，以及完美的自我。

同时，社交媒体的可供性还能够调适人们的自我呈现，对其自我验证的心理产生影响。社交媒体用户在网上发布自我呈现内容时，会非常重视受众的看法。当用户准备在某个社交媒体上展示他们的真实或理想自我时，他们必须接受所选平台的某些特征会影响他们最终为实现身份目标而制作的信息。一个典型的例证是，微信、微博、豆瓣等不同社交媒体平台的特性反过来塑造了人们在这些平台上的不同形象。另一个典型的例证是，即使在同一个社交平台（如微信）上，人们可能涉及精心策划不同的好友列表，每个列表将接受用户的自我展示内容并对帖子做出回应，不同的回应显然可以被用户作为反馈来影响未来的印象管理。在某个好友群组之下，如果其他人的反应不认可用户的自我展示，那么用户可能会仔细审查这一情况，并调整自己的展示内容。

社交媒体的出现还模糊了前台和后台的概念。鉴于其大众—人际传播模式的特性，有的用户将其作为自我展示的前台（偏向于大众传播），有的用户则将社交媒体当作后台用于亲密性的、私下的交流（偏向于人际传播）。而鉴于其持久性、扩散性、分散性等可供性特征，用户不仅积极地利用社交媒体展示不同面向的自我，在相应的观众心中建立良好的形象，为了避免其形象受到"非目标"观众的评价，用户还通过各类隐私手段管理自我呈现信息扩散的范围。

三、自我披露

自我呈现从"表演"的角度理解社交媒体用户的表达行为，但人们使用此类平台管理自我形象的主要动机是维持和构建社会资本（Ellison et al., 2007）。从"表演"的视角理解用户行为实际上是将社交媒体视为"前台"，忽视了人们在"后台"披露关于自我的信息，限制了我们对于社交媒体用户使用动机的认识，也窄化了我们对于用户行为多样性的理解。自我披露（Self-Disclosure）通常是指向他人透露个人信息的过程，或者说是将他人未知的事情告知他人，使其成为二人共享的信息，即"让其他人了解自己的过程"（Jourard & Lasakow, 1958）。实际上，自我披露可能存在于个人之间、群体之间（如在班级里的自我介绍）或个人与组织（如面试者向求职单位提供自己的各种信息）之间。自我披露行为能够帮助人们实现相应的社会目标，包括自我认同、关系发展、社会认同和社交控制等（Wheeless & Grotz, 1976）。

自我披露可以从信息披露的广度（信息量的多与寡）、深度（浅层信息或是深层信息）以及效价（积极的、正向的信息或是消极的、负向的信息）三个维度来衡量，人们可以自我表露的广度和深度来维持不同社会关系之间的界限。例如，建立关系之初，两个陌生人互相披露的信息可能是浅层的（如职业、家乡、兴趣爱好等），但是信息交换的广度较为宽泛，而好友之间可能在信息披露的广度上达到了某种饱和度，更多的信息披露集中在较深层次（如情绪、内心感受、个人偏好、政治态度等），以及更愿意向彼此倾诉消极的负向的信息以获取相互之间的支持。

根据社会交换理论（Social Exchange Theory），人际之间的自我披露是相互交流的过程，遵循着相对平等的原则。因此，在二元关系中，自我披露有助于增进相互理解并且建立和维持信任感。因此，自我披露和人际交往的关系可以用社会渗透理论来表述。社会渗透理论指出，社会关系的发展主要是通过自我披露而发生的，当一个人有意向他人透露个人动机、欲望、感受、想法和经历等信息时，他们的关系就走向了更亲密的层次，即随着关系的发展，人际交往从相对浅层、非亲密的层面转向更深、更亲密的层面，自我披露的深化又使关系变得更为亲密（Altman & Taylor, 1973）。这种自我披露加深继而增进人际关系的过程被形象地喻为"剥洋葱"。

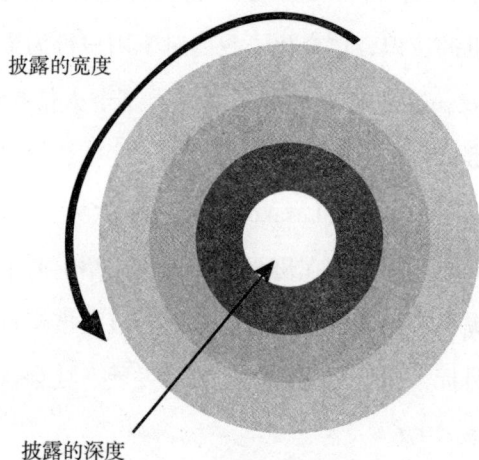

披露的宽度

披露的深度

图 2.1　社交渗透的过程

　　然而，自我披露和人际关系的相互渗透也有特例，即"火车上的陌生人"。"火车上的陌生人"所阐释的是，人们往往愿意向火车上的陌生人吐露亲密的、深层次的，甚至不愿向朋友分享的个人信息。这是由于双方在社会关系上并无交集，且未来也很难有交集。这一特例在如今的网络空间中格外常见，人们同自己的亲友分享的信息甚至不如和网络上的陌生人分享得更为深入。

　　互联网的出现促进了人们的自我披露行为，如 Rheingold（1993）所言，媒介本质上是一个人们最终会更亲密地暴露自己的地方，而如果没有屏幕和假名的中介，他们就不会这么做。研究者们已经在使用计算机的许多不同环境中研究了自我披露。例如，Parks 和 Floyd（1996）发现，人们在互联网关系中的披露比他们在现实生活关系中的披露要多得多。同时，互联网上人们所披露的信息更为深层、更为敏感，一些研究发现人们在线上分享出轨、"出柜"、隐性疾病等内容的概率远高于线下（McKenna & Bargh, 1998; Tourangeau, 2004）。

自我披露涉及人们主动向他人暴露自己的个人信息，这暗示了自我披露和隐私风险难分难解的关系，现有研究已经发现了人们对隐私担忧的程度越高，自我披露的意愿越低（Acquisti et al., 2015）。这一点在线上电子商务领域表现得最为突出。在互联网上，由于隐私原因，消费者往往不愿意在电子商务平台披露个人信息（Hoffman et al., 1999），尤其是人们对所收集信息的级别不清楚，对未来如何使用这些信息或如何保护这些信息缺乏了解（Metzger, 2004）。另外，网络空间的"匿名性"这一可供性帮助人们降低了对于线上身份暴露的担忧，从而增强了人们在人际交流中的披露意愿，这也被理解为"火车上的陌生人"在互联网空间中的再现。

社交媒体技术为人们的自我披露提供了多种可能性，从表达深刻的个人感受和观点到记录日常生活的平凡细节，都可以在社交媒体上展开。通过不同功能进行披露的公共可见性程度各不相同，这也导致了用户感知到不同功能的可供性：个人资料可以展示给所有观众；状态更新（朋友圈或者时间线）则可以展示给网络连接中的友人，人们可以精心选择特定的观众；而私聊消息则往往是选定了具体的沟通对象。后两种情况下的信息披露和传播更具有定向性，需要考虑观众的期望和可能的反馈。

社交媒体上的观众构成往往是不明确的、隐形的，在社交媒体上记录日常生活细节、在公共传播中表达个人感受或观点的行为可以被大规模的、不同特质的受众观看和分享。尤其是在公共或者半公共空间披露信息的时候，用户会面对"语境崩溃"的挑战，即不同社交圈层或生活阶段的观众被压缩到同一个网络中（Marwick & Boyd, 2011）。这使用户不得不投入更多精力考虑自己的披露或是展示，他们必须同时解决不同受众的价值观（Krämer & Haferkamp, 2011）。复杂的观众构成同样体现了社交媒体所独具的大众—人际传播模式，同时也造成了自我披露过程中公共性和私密性之间的模糊界限，用户努力在自我披露和个人信息控制之间寻找平衡。

第二节　社交媒体的隐私风险与应对

一、隐私概念与社交媒体

隐私概念不只是新闻传播领域亦是其他诸多学科的研究重点，包括从描述性、经验性，以及规范性视角等面向展开的各类研究。"隐私"的概念可追溯到 1890 年。美国大法官塞缪尔·沃伦（Samuel Warren）和路易斯·布兰代斯（Louis Brandeis）在期刊《哈佛法学评论》上所发表的《论隐私权》一文，文中明确提出每个人都有独处的权利，并且这种个人权利应当受到法律的保护。这一主张奠定了近现代隐私研究的基础。

不论中外，隐私这一概念古已有之。西方谚语中"风能进雨能进，国王不能进"既是强调对私权利的保护，又是强调个人空间的隐私权。中国古代所提倡的"君子慎独"在突出"君子"品行的同时，也体现了对"独处"的尊重。早期研究中，隐私被定义为"不受干扰的权利"（Warren & Brandeis, 1890）。一方面强调的是人们对于私有空间的控制，另一方面则是主张隐私属于个人权利。随后，隐私被定义为"个人、团体或机构有权自行决定何时、如何以及在多大程度上将有关他们的信息传达给他人"（Westin, 1976）。

在关于隐私的诸多理论中，控制始终被视为其核心要素。大多数学者将控制理解为规范和管理隐私的手段（Altman & Taylor, 1973; Petronio, 2002）。人们越能控制其个人空间、个人信息或者个人数据，其越能感受到隐私或者安全。随着信息和数据成为现代生活的基本资源，对于隐私的定义日渐拓展至对于个人信息的控制。那么，应当如何定义"信息控制"？最常见的是从行为的结果方面来看待：信息控制意味着某条信息的所有者可以选择是否、何时以及在多大程度上披露或隐瞒个人信息。在社交媒体上大概表现为，用户主动地（例如，限制信息访问、受众隔离、自我审查、加密）、模糊地（例如，歪曲真相、混淆信息）或被动地（例如，无意中省略信息或部分披露）来对个人信息施加控制（Crowley, 2017）。

　　隐私与自我披露是相伴而生的，前者在于对信息的控制，后者则在于对信息的开放。在社交渗透理论中，控制被阐述为隐私的关键机制（Altman & Taylor, 1973），Altman 在其著作中创建了一个在人际互动中关于隐私控制的三阶段过程模型：第一，个人评估所需的隐私级别；第二，个人通过控制人际界限来规范隐私；第三，个人再次评估人际互动中涉及的隐私级别。其后的研究将隐私管理视为一种授予或拒绝他人访问个人信息的权限（Smith et al., 2011）。在隐私管理理论中，控制也被视为隐私的先决条件。个人在与他人互动时共同管理和协调隐私保护的规则，即人们会进行沟通甚至正式的商议，以协商保护彼此隐私的准则。在这里，隐私的准则并不是静态的，而是动态的，只要一些人的反应导致隐私保护的条件发生变化，或者某个人的需求发生变化，人们就会重新商定。因此，人际间的隐私协商往往在不断地评估和重新评估中循环进行。简言之，控制不仅是保护隐私的行为，也是人们衡量隐私状况的手段，人们通过施加信息控制的感受来促进互动双方的深入参与（Petronio, 2002）。

　　社交媒体的盛行使隐私的范畴变得具象化且不断拓展。社交媒体的隐私一方面指向可以识别个人身份和个人特质的信息，尤其是其中的敏感、私密的部分，包括个人的注册资料、网络关系、地理位置等；另一方面个人在社交媒体（如朋友圈或是微博）生成和发布的内容，也被人们视为自己的隐私信息。与面对面交流相比，在社交媒体中，个人无法轻易实施信息的控制，因为个人信息在多方之间传播与交换，使用范围广泛，这导致人们在社交媒体中的信息控制更加混乱、要求更高、更复杂（Marwick & boyd, 2014）。按照隐私管理理论的主张，在社交媒体上，隐私多是基于人际间相互披露和交流的体现，隐私的保护准则可以被视为一种用户通过参与交流而共同发展的价值，并通过共同的看法表达出来（Nissenbaum, 2011; Smith et al., 2011）。因此，有学者提出了社交媒体隐私模型（Social Media Privacy Model; Trepte, 2021），包含四个主张。

主张 1：社交媒体上的隐私由用户相互依赖、共同感知。社交媒体旨在给用户连通性、依存性和社会性，此类平台是以社交为核心的。然而，对于信息的控制是以个人为中心的，是由个人实施的。由此可见，社交媒体上的隐私管理不能单纯依靠个人施加控制来充分实现，需要其他机制来确保社交媒体隐私。

主张 2：社交媒体上的隐私保护无法通过个人施加控制来实现令人满意的结果。在社交媒体中实现隐私保护，不能以控制作为隐私的最终目标，而是需要不断地相互沟通和协商。这里的沟通被理解为用户个人之间的互动，以及个人用户与代表第三方（如机构和公司）的其他人之间的互动；协商则应该被定义为互联网用户（最终是政府、机构或公司的代表）之间的非正式或制度化的互动。

主张 3：通过这种沟通的机制，用户可以相互依赖并在社交媒体上形成可靠的隐私保护。社交媒体上隐私保护的另一关键因素在于不确定性，而形成沟通的意识和机制有助于减少不确定性，故需要通过沟通在双方之间建立更为稳定的解决隐私问题的方案，即产生信任和规范。信任可以在长期沟通的过程中以及可靠的关系纽带的基础上确保隐私（Saeri et al., 2014）。规范被理解为从事某种行为的社会压力，包括禁令性规范（由他人认可的行为）和描述性规范（他们实际的行为）建立。规范的作用在于其定义了行为的范畴，并且允许在没有表现出这种行为的情况下实施一定的惩罚行为。一系列先前的研究表明，信任和规范是在社交媒体上获得隐私的关键（Marwick & boyd, 2014）。

主张 4：信任和规范作为隐私保护的机制发挥了实际作用，巩固了社交媒体上的隐私传播。上述命题体现了控制和沟通在社交媒体传播中找到了新的平衡：控制正在失去效力，而沟通正在获得权力。换句话说，用户首先并不完全依赖和争取控制权，而是就隐私进行沟通，以建立规范和信任，有时甚至重新获得控制权。

隐私的相互依赖性是通过人际交流来表达和提出的。隐私理论的这种新兴社会转变也在隐私的定义中得到了承认：应当通过个人在与他人（人、公司、机构）的互动或关系中对此人信息的访问级别和控制、人际交流、信任和规范机制的可用性来定义隐私，并通过自我披露实现隐私管理，以及将控制、人际交流、审查作为确保隐私管理的手段来塑造信息访问的不同层级。所以说，在社交媒体上衡量隐私机制的可用性，在很大程度上取决于人们所共享的内容，以及人们如何利用社交媒体的功能扩散这些内容。

二、社交性隐私和机构性隐私

社交媒体的运转离不开用户生成内容，即需要用户通过自我呈现或自我披露来为平台源源不断地提供信息流，这无疑会使用户对可能的隐私泄露或隐私风险产生诸多忧虑。社交媒体用户面临的常见隐私风险包括私人信息泄露、大规模数据泄露、数据挖掘滥用、网络跟踪和骚扰、网络欺凌乃至网暴、恶意软件和病毒、隐私设置漏洞、第三方不当使用数据等（Acquisti et al., 2015; Dhir et al., 2016）。最为典型的就是影响 2016 年美国大选的剑桥分析公司（Cambridge Analytica）的滥用 Facebook 数据这一事件。英国咨询公司"剑桥分析"在未经 Facebook 用户允许的情况下通过诱导的方式获取了数百万人的个人数据，并根据这些个人数据有针对性地设计对应的政治广告，在某种程度上促成了特朗普的当选。

针对如此繁多的信息类型和隐私风险，有学者对其进行了区分。在 20 世纪 70 年代一项"美国隐私调查"中，研究者发现人们在很大程度上将隐私理解为信息方面的和制度方面的（Westin, 1970）。具体来说，被访者会根据政府、银行和其他企业等机构如何使用或滥用他们的个人信息来做出回答，包括电子监控或者闭路电视带来的风险、信用卡追踪，以及基因筛查等。到了社交媒体平台上，人们既让渡能够识别自己身份的信息，又不断分享自己的生活琐事。因此，有学者将其分为信息性隐私和表达性隐私，前者主要针对与日常活动、财务和生活方式相关的个人信息的保护；后者是指保护自己免受同辈压力或嘲笑的影响，并愿意自由表达自己身份的愿望，即控制自己言论的能力。这两类隐私息息相关，当信息隐私受到损害时，表达隐私也会受到损害（DeCew, 1997）。

学界较为常见的分类方式是将社交媒体的隐私区分为社交性隐私（Social Privacy）和机构性隐私（Institutional Privacy）两个维度。顾名思义，社交性隐私关注社会交往过程中的隐私泄露，例如有人将好友的朋友圈截图发到其他网站，又如将好友在私聊中的信息泄露给第三人乃至公众，再如收到不适当的好友请求或被同事跟踪都是侵犯社交性隐私的例子。机构性隐私则关注机构实体如何处理用户的个人信息，强调个人在与平台、机构等组织所发生的信息交流，例如微信的个人资料、好友关系、地理位置可能被其他平台所过度使用，再如某些平台用户信息被大规模泄露后，个人的身份识别数据乃至银行数据面临的风险。商业机构违背用户意愿分析大量数据也是侵犯机构性隐私的一个典型案例。

不少已有研究指出，人们在实际使用中往往更关心自己的社交性隐私，而非机构性隐私。这是由于社交性隐私能够在人们的掌控范围内，同时此类隐私泄露事件多发生在好友之间，比较常见，容易给人际关系的维护带来影响，造成的心理影响也十分直接、明确（Young & Quan-Haase, 2013）。机构性隐私信息则多由平台、机构所掌握，但其隐患和造成的影响显然更大，波及的范围更广。换句话说，社交媒体用户倾向于适应来自其直接社会环境的隐私威胁，例如跟踪和网络欺凌，但对机构数据保留所感知的威胁的反应不太明确，甚至会放弃抵抗，产生所谓的"隐私疲劳"感（Privacy Fatigue）。

　　社交媒体给人们带来了隐私和自我披露的矛盾，由此而带来了"隐私悖论"，即人们尽管担心自己的社交隐私，但仍使用各类社交媒体平台进行自我呈现或者自我披露。本书的第三章将通过隐私计算模型来对这一现象进行详细解释。文献中对隐私悖论简单的解释是，大多数人都是"隐私实用主义者"，换言之，人们虽然关心自己的隐私，但愿意甚至需要用部分隐私换取有益的东西。这一解释的突出例证是人们对约会软件的使用。考虑到约会类移动程序（如 Tinder）的可供性，Tinder 用户不仅对被现实好友发现感到担忧，更对平台收集数据存有担忧，担心平台跟踪他们的线上痕迹并向第三方出售个人数据，以及由此而产生的数据泄露。然而，约会类程序仍然具有巨大的用户市场，这是由于用户希望通过平台获得潜在的约会机会。隐私担忧显然会导致用户采取诸多方式来控制信息的流动，包括如何展示自己又不被更多的人发现，以及何时与他人共享信息。

三、隐私风险应对行为

　　社交媒体上潜在的种种隐私风险促使用户以不同的手段加以应对。隐私信息保护的目标即用户个人能够掌控"信息"传播和被使用的范围，社交媒体用户需要通过控制来实现隐私保护和信息自决（Marwick & Boyd, 2014）。实践中，用户很难实现信息自决。正如前面章节所言，社交性隐私风险较为日常且普遍，而机构性隐私风险产生的后果往往更加严重，甚至可能导致财产损失。由于人们在各类平台上都提交了自己的可识别的身份信息，但机构性隐私风险也日益频发，近些年层出不穷的电信诈骗便是机构性隐私信息泄露造成的。不难看出，机构性隐私造成的危害最终由个人承担，但在使用主体上往往牵扯众多，涉及个人、平台监管、法律等多个层面。

欧盟于 2018 年出台的《通用数据保护条例》(*General Data Protection Regulation*)，美国加州于 2020 年开始实施的《加州消费者隐私法案》(*California Consumer Privacy Act*)，我国自 2021 年 11 月起施行的《个人信息保护法》均是从法律层面应对机构性隐私风险的措施。基于法律要求，学界、业界和司法界在平台监管层面不断为普通消费者和一般用户伸张各类权利。"最小必要原则"是主张商业机构对所有个人信息的采集和使用必须都在最小范围内进行，用户只需要提供"够用"的信息即可；"删除权"或是"被遗忘权"则是指组织或服务提供商存储的个人数据必须根据个人的请求删除。作为个体的用户在应对机构性隐私风险时尽管显得无能为力，但当个体担忧成为群体的呼声时，平台势必因其不当行为而受到反噬。实际上，法律层面、平台监管层面的应对都是因为个案的累积所致。同时，用户会策略性地规避让渡个人信息，或者避免使用过度收集个人信息的软件或应用程序，通过行为上的反馈来推动一定程度的改变。

相较于机构性隐私，社交性隐私泄露的发生更为常见，社交性隐私信息的泄露会降低人们自我呈现的有效性，影响人们对自己的形象管理，降低自我披露的欲望。社交媒体上的隐私保护行为通常被理解为管理个人信息的发布以保护自己免受不必要的入侵的行为反应（Goodwin, 1991）。鉴于社交性隐私风险多发生在人际交往中，用户通过管理人际之间的边界来确保个人发布的信息在可控的范围内。在行为主体方面，需要用户和好友之间共同配合来完成隐私管理。在具体策略方面，用户会采取各种方式来降低此类风险。首先就是技术性隐私保护策略，利用平台提供的诸多隐私设置方式来控制隐私信息的可见范围，包括但不限于设置好友分组、仅某些人可见、屏蔽某些人、调整信息的可见时间、定期删除信息、删除好友等。

除了依靠平台提供的技术性手段，人们还会采用其他一系列策略来保护社交性隐私。例如，微博用户常见的匿名化策略。尽管微博平台已经要求用户实名制，但这里的匿名化是指用户在微博的社交关系中通过使用昵称等方式来隐去自己的真实身份。平台迁移是另一种常见的隐私行为，由于人们在常见的社交平台（如微博、微信）上积累的社交关系越来越复杂，为了躲避过多的隐私侵扰，人们会转移到其他平台作为替代来进行自我呈现或自我披露。其他隐私行为还包括创建多个账号，减少信息分享的频率，甚至不再使用某些平台，更换或者采用多义的表达方式等（Buchanan et al., 2007）。研究发现，人们使用社交媒体的频率越高，其生成的信息就越多，则需要介入更多的信息控制行为，其结果可能会导致所谓的"社交疲劳"，从而使用户不愿再表达和披露（Dhir et al., 2019）。人们通过在行为层面应对隐私风险的方式，来实现在空间尺度、时间尺度以及社交尺度上控制信息的传播。

隐私风险给人们造成的影响超越行为层面，还会给人们的情绪带来影响。风险传播的相关理论认为，风险本身不仅传递了信息，也传达了情绪（Loewenstein et al., 2001）。人们不只在行为层面应对隐私风险，还会在心理层面或者情绪层面采取相应的策略。已有研究发现，隐私风险会导致人们的生气、沮丧、恐惧、后悔等负面情绪，因此人们会采取情绪应对策略来加以应对，而不同的情绪蕴藏着不同的行为指向，比如生气和后悔会促使人们采用积极的隐私行为（删除好友、删除信息），害怕和恐惧则可能导致相对消极的隐私行为（减少使用）（Cho et al., 2020）。换言之，人们的隐私行为不仅仅受到理性因素的驱使，亦受到相应的情绪影响。

不难看出，社交媒体用户的隐私行为远超技术逻辑，这体现了用户在面对隐私风险时的主体性和能动性，用户通过种种策略保护自己的隐私，其目的在于为自己的表达和披露创造恰当的情境，最终呈现出表达与隐匿共存的日常态势。

参考文献

[1] Acquisti A, Brandimarte L, Loewenstein G. Privacy and human behavior in the age of information[J]. Science, 2015, 347(6221): 509–514.

[2] Altman I, Taylor D A. Social penetration: The development of interpersonal relationships[M]. Holt, Rinehart & Winston, 1973: 122–135.

[3] Buchanan T, Paine C, Joinson A N, et al.. Development of measures of online privacy concern and protection for use on the Internet[J]. Journal of the American Society for Information Science and Technology, 2007, 58(2): 157–165.

[4] Cho H, Li P, Goh Z H. Privacy risks, emotions, and social media: A coping model of online privacy[J].ACM Transactions on Computer–Human Interaction (TOCHI), 2020, 27(6): 1–28.

[5] Crowley J L. A Framework of Relational Information Control: A Review and Extension of Information Control Research in Interpersonal Contexts[J]. Communication Theory, 2017, 27(2).

[6] Decew J W. In pursuit of privacy: Law, ethics, and the rise of technology [M].New York: Cornell University Press, 1997: 67.

[7] Dhir A, Kaur P, Chen S, Lonka K. Understanding online regret experience in Facebook use – Effects of brand participation, accessibility & problematic use[J]. Computers in Human Behavior, 2016, 59: 420–430.

[8] Dhir A, Kaur P, Chen S, et al.. Antecedents and consequences of social media fatigue[J]. International Journal of Information Management, 2019, 48(Oct.): 193–202.

[9] Ellison N B, Steinfield C, Lampe C. The benefits of Facebook "friends": Social capital and college students' use of online social network sites[J]. Journal

of Computer-Mediated Communication, 2007, 12(4): 1143-1168.

[10] Faelens L, Hoorelbeke K, Fried E, et al.. Negative influences of Facebook use through the lens of network analysis[J].Computers in Human Behavior, 2019, 96: 13-22.

[11] Goffman E. The presentation of self in everyday life[M]. Garden City, N.Y.: Doubleday, 1959: 8.

[12] Goodwin, C. Privacy: Recognition of a consumer right[J]. Journal of Public Policy & Marketing,1991,10(1): 149-166.

[13] Guo J, Chen H T. How does political engagement on social media impact psychological well-being? Examining the mediating role of social capital and perceived social support[J]. Computers in Human Behavior, 2022, 133: 107248.

[14] Haferkamp N, Krämer N C. Social comparison 2.0: Examining the effects of online profiles on social-networking sites[J]. Cyberpsychology, Behavior, and Social Networking, 2011, 14(5): 309-314.

[15] Hoffman D L, Thomas P N, Marcos A P. Information privacy in the marketspace: Implications for the commercial uses of anonymity on the Web[J]. The Information Society, 1999, 15: 129-139.

[16] Jourard S M, Lasakow P. Some factors in self-disclosure[J]. The Journal of Abnormal and Social Psychology, 1958, 56(1): 91-98.

[17] Li P, Cho H, Shen C. From context adaptation to context restoration: strategies, motivations, and decision rules of managing context collapse on WeChat[J]. Journal of Computer-mediated Communication, 2023, 29(1).

[18] Loewenstein G F, Weber E U, Hsee C K. Risk as feelings[J]. Psychological Bulletin, 2001, 127(2):267.

[19] Marwick A E, Boyd D. I Tweet Honestly, I Tweet Passionately: Twitter Users, Context Collapse, and the Imagined Audience[J].New Media & Society,

2011, 20(1):1-20.

[20] Marwick A E, Boyd D. Networked privacy: How teenagers negotiate context in social media[J].New Media & Society, 2014: 1051-1067.

[21] McKenna K Y, John A B. Coming out in the age of the Internet: Identity "demarginalization" through virtual group participation[J]. Journal of Personality and Social Psychology, 1998, 75: 681-694.

[22] Metzger M J. Privacy, trust, and disclosure: Exploring barriers to electronic commerce[J]. Journal of Computer – Mediated Communication, 2004, 9: 942.

[23] Nissenbaum H. A Contextual Approach to Privacy Online[J].Social Science Electronic Publishing, 2011, 140(4):32-48.

[24] Parks M R, Floyd K. Making friends in cyberspace[J]. Journal of Computer-Mediated Communication, 1996,1: 144.

[25] Petronio S. Boundaries of Privacy: Dialectics of Disclosure[M]. New York: Suny press, 2002: 56.

[26] Rheingold H. The virtual community: Finding commection in a computerized world[M]. Boston: Addison-Wesley Longman Publishing, 1993: 27.

[27] Saeri A K, et al.. Predicting Facebook users' online privacy protection: Risk, trust, norm focus theory, and the theory of planned behavior[J]. The Journal of Social Psychology, 2014, 154(4): 352-369.

[28] Schlenker B R, Leary M R. Social anxiety and communication about the self [J]. Journal of Language and Social Psychology, 1985, 4(3-4):171-192.

[29] Smith H J, Dinev T, Xu H. Information privacy research: an interdisciplinary review[J]. MIS Quarterly, 2011: 989-1015.

[30] Swann W. Bringing social reality into harmony with the self[J]. Psychological Perspectives on the Self, 1983: 33-66.

[31] Tourangeau R. Survey research and societal change[J]. Annual Review

of Psychology, 2004, 55: 775–801.

[32] Trepte S. The Social Media Privacy Model: Privacy and Communication in the Light of Social Media Affordances[J]. Communication Theory, 2021, 31(4): 549–570.

[33] Valkenburg P, Beyens I, Pouwels J L, et al.. Social Media Use and Adolescents' Self–Esteem: Heading for a Person–Specific Media Effects Paradigm[J]. Journal of Communication, 2021, 71(1): 56–78.

[34] Warren S D, Brandeis D. The Right to Privacy[J]. Harvard Law Review, 1890, 4(5): 193–220.

[35] Westin A F. Privacy and freedom[M]. New York: Atheneum, 1970: 166.

[36] Wheeless L R, Grotz J. Conceptualization and measurement of reported self–disclosure[J]. Human Communication Research, 1976, 2(4):338–346.

[37] Young A L, Quan–Haase A. Privacy protection strategies on Facebook: The Internet privacy paradox revisited[J]. Information, Communication & Society, 2013, 16(4): 479–500.

第三章

隐私计算与风险应对

社交媒体为用户提供了自我呈现与自我披露的平台，但用户又常常担忧其个人信息的不良扩散，因此面临着行为逻辑与心理动机不匹配的矛盾。学理上，这种矛盾被概念化为"隐私悖论"。本章在引入隐私悖论概念的基础上，进一步介绍了隐私计算模型和调节定向理论以阐释所谓悖论能够成立的现实性。在此基础上，本章构建了解释人们隐私行为的理论模型，并通过实证数据予以检验。

第一节　隐私保护的相关理论

一、担忧与披露：隐私悖论

尽管社交媒体给用户的社会生活带来了诸多便利，如维护社会关系和展示自我（Ellison et al., 2011），但社交平台上隐私风险的逐步扩张和深入使得用户越来越关切自身的隐私数据可能遭受的风险。用户时常面对所谓的"隐私悖论"（Privacy Paradox），虽然认识到了隐私风险，并且对隐私保护策略有一定了解，但用户仍然在网络上不断地分享信息、创造内容（Barnes，2006）。简言之，隐私悖论所描述的是一个保护的"意向"与分享的"行为"之间错位的媒介使用行为。

不少研究都深入探究了关涉隐私的过往经历（如一些用户曾经历过信息盗用）和隐私行为（关涉隐私的行为，如隐私保护行为和隐私披露行为）之间的关系，研究结论却不尽相同。有些研究支持了隐私悖论，尽管用户对于个人隐私信息的泄露较为敏感，甚至有意于保护个人的隐私数据，但他们很少会采取相应的措施，比如在"设置"中调整个人社交账号的信息披露范围和程度，有些用户甚至全然没有意识到如此的隐私信息设置（Debatin et al., 2009）。但也有研究发现，面对隐私风险，用户并不是无意识的或无行动能力的、无策略的，那些对隐私信息敏感的用户会采用各种方式防备、阻止隐私泄露，如删除照片、限制好友添加请求、删除帖子中的标签等（Chen & Chen, 2015；Lang & Barton, 2015; Young & Quan-Haase, 2013）。

现有研究对隐私悖论的解释包括不同的面向。其一，网络用户对于隐私风险的担忧和保护意识较为匮乏。当聚焦到某一具体的隐私泄露案例或情景时，部分用户并没有直接联系到自身信息的泄露，这一态度也就导致了悖论中的"不作为"倾向。其二，有些用户则将隐私的故意披露作为筹码，以换取相应的利益，例如更多的关注、更大的流量。对于这些用户来说，个人信息对外公开之后的利益更为重要。其三，即使用户在意个人信息，一些用户也不会读或误读平台的隐私规则和隐私政策（如一些移动应用的"用户须知"），甚至一些用户全然不知如何才能在互联网使用时保护个人数据。其四，用户个人的知识素养、理性程度和各样的偏见也会导致隐私悖论的发生。例如用户不了解个人数据泄露的后果；在决策是否保护或披露个人信息时，用户并不会理性地分析前因后果；用户的偏见则会导致过度自信，过度高估了自身知识和能力，抑或认为自己不可能成为受害者。其五，时间要素也是关涉隐私悖论产生的一个可能原因，对于那些长期的或暂不发生的隐私危机，用户常常会低估这类危机的危害。

二、收益与损失：隐私计算模型

隐私计算模型（Privacy Calculus Model）基于"理性人"的假设认为，个体在披露个人信息时，会理性地权衡自身行为的利益得失。当利大于弊或收益多于损失时，个体才会主动公开相关的个人信息（Culnan & Armstrong, 1999; Dinev & Hart, 2006; Laufer & Wolfe, 1977）。隐私计算模型的核心要义在于，除了隐私关切这单一要素，个体的信息披露行为实际上是在利弊权衡之中决定的，并且利弊权衡因情境和个体的不同而不同（Kehr et al., 2015; Li et al., 2017）。此外，个体的利弊权衡是对个人信息披露行为的总体、全面评价。利和弊是一种相互依赖、影响的关系，而非独立于个体活动之外（Anderson & Agarwal, 2011; Kehr et al., 2015）。隐私计算模型把"风险"和"利益"的结果纳入研究范畴。该模型源自计划行为理论、风险—收益理论以及期望理论。其假定个体通常会最大化自我披露的积极效果，同样也会最大限度规避自我披露带来的消极影响，因此用户会权衡自我行为的利弊得失，努力争取效果的最优解（Dinev & Hart, 2006; Laufer & Wolfe, 1977）。

隐私计算模型能够给隐私悖论的解释提供较为新鲜的视角和富有想象力的洞见，用户会根据理性计算的结果来决定自己是否披露信息，而并非只关注披露信息的风险。但现有文献大多只是单方面关注收益对用户的影响或者风险对用户的影响，忽略了二者的交互关系，即用户的"权衡"过程。有学者指出，风险和利益的共同评估与披露意愿呈正相关关系，但也未直接检验这样的结果（Kehr et al., 2015）。从隐私演算模型的视角来看，当社交媒体用户处于信息披露或隐私保护行为时，他们都期待行为的最优结果，也就是说，隐私计算不仅会影响人们的分享行为，同样可能会促使其采取更进一步的保护行为。本研究将不仅关注于信息披露行为，也聚焦于隐私保护行为。

三、趋利与避害：调节定向理论

调节定向理论（Regulatory Focus Theory）同样可以用于解读人们的隐私行为。该理论认为，个体天生倾向于避免痛苦（消极事物）、享受安乐（积极事物），基于此，个体的复杂动机系统可以划分为促进性动机和预防性动机（Higgins, 1997）。这种"二分法"有助于理解不同的动机如何促进相应的隐私行为的形成（Wirtz & Lwin, 2009）。促进性动机强调"获得""增长""培育"等内涵，其生成的行为是开放导向的；相反，预防性动机的内在机理为"安全""保卫""防御"，相应的行为也是以"避免伤害"为本质（Higgins, 1998）。为了获得期望目标，当个体隐私决策或权衡隐私行为的利弊或得失时，促进性动机使得个体忽视相关的潜在风险，而只顾未来可获得的利益，而预防性动机则会促使用户考虑相关的风险，并提前采取对应的预防行为（Pham & Higgins, 2005）。

调节定向理论已经被应用到了隐私行为的相关研究中。在这些研究中，信任被概念化为一种促进性动机。例如，当在线消费者信任平台时，用户便会采取促进性行为（如不断回购）；隐私关切则被概念化为预防性动机。当在线消费者关注个人信息时，他们的隐私行为是预防的，而非促进的（Mosteller & Poddar, 2017）。因此，为完成期望目标，网络用户常会被以上两类动机所驱动：为了获得随之而来的利益，主动披露个人信息；或保护个人数据，进而避免可能的风险、危机（Wirtz & Lwin, 2009）。

根据调节定向理论，对于每一个个体来说，促进性动机和预防性动机都是重要的，且几乎所有人在一定程度上都会同时拥有这两类动机（Higgins, 1997, 1998）。这意味着个体通常并非受单一动机因素主导或驱动。尽管个体在每一个动机要素的使用方面，表现出较为稳定的特征，但动机要素的变化常常由一些情境要素所引起，如任务指令说明或信息框架。受此影响，个体不会仅去努力完成既定目标或避免损失，而是有策略地同时"两手抓"，既要获得目标利益，又要最小化可能的损失。可以看出，对于促进性动机和预防性动机间相互依赖、影响关系的研究，与隐私计算模型的内在逻辑是一致的，这两个理论存在共通之处，二者结合能够更为系统地理解隐私悖论。

第二节　隐私行为及其动因

一、隐私行为的时序

1. 自我披露行为

如第二章所述，自我披露是有目的性地、故意地、自愿地对他人表露个人信息的行为（Derlega & Grzelak, 1979）。自我披露是一种常见的、分享个人信息的传播行为，由此去表达自我或建立社会关系。自我披露的程度于个体而言不尽相同，如亲密程度不同，自我表露的程度也有深有浅（Wheeless & Grotz, 1976）。社交媒体的意义在于，给用户提供一个自由、自愿的内容分享平台（Boyd & Ellison, 2010），用户可以随意地表达观点、情绪和态度，也可以在平台上分享具体的个人信息（Krasnova et al., 2012）。社交媒体用户在平台上的活动可以视为自我披露的结果。

2. 预防、协商与补救行为

社交媒体上的隐私边界管理是一个多维度的议题（Ellison et al., 2011）。有研究已指出了隐私管理策略的不同类型，如技术的和心理的（Stutzman & Kramer-Duffield, 2010）、预防性的和补救性的、个人的和集体的，以及技术依托的管理行为（靠交互界面和账号设置形成的边界）和人为促成的管理行为。这些策略说明：（1）社交媒体用户可以通过建立一系列的隐私规则管理隐私边界；（2）聚焦于不同形式的隐私保护行为，将会达到不同的、关乎隐私关切或隐私态度的效果（Kokolakis, 2017）。有研究同时发现，在一些较为公开的、开放的社交活动中，社交媒体用户不断发展自己的隐私规则，进而去管理隐私边界。例如，博客用户的隐私保护行为在使用博客之前、使用博客时以及使用博客后是不同的、有明显变化的（Petronio, 2002）。

自我披露和隐私保护是一体两面的行为，社交媒体用户在进行信息分享和披露的过程中，在不同阶段会有不同的隐私担忧。用户的隐私保护行为可分为"事前""事中""事后"三个阶段（Child et al., 2012）。本研究将在线性时间的视角下，着眼于个人信息披露之前、之中、之后的隐私保护行为且将隐私管理策略划分为预防性（个人信息披露之前）、协商性（个人信息披露时）以及补救性（个人信息披露之后）三种类型。

在自我披露之前的阶段或产生任何个人信息分享行为之前，社交媒体用户常采用各种预防性策略保护个人信息。预防策略常与平台本身的设置有关，如用户调整平台或账号的某些参数，进而设置个人信息的可见范围。而当用户处于具体的信息披露阶段时，用户常用"想象的观众"（Imagined Audiences）这一方式协商信息的内容和披露的规则，所以用户在信息披露的"事中"阶段总是会采用各种协商策略（Acquisti & Gross, 2006）。协商策略包括判别式的信息分享（Krasnova et al., 2012）、创建可见朋友的清单或使用"仅某些人可见"的功能（Stutzman & Kramer-Duffield, 2010）。当分享一些共有的内容（如合照）时，社交媒体用户必须与关涉的用户共同管理这一共有的边界（Petronio, 2002），以及当发布这些共有内容时，用户也应获得其他用户的允许（Cho & Filippova, 2016）。可以看出，询问其他用户或获得其他用户的准许也是协商策略的一部分。在自我披露之后的阶段，用户可能会重新审视已发布内容的适宜性（Child et al., 2012）。例如，当社交媒体用户无意分享了一些内容或分享错了用户，他们必须采用一些补救性的措施去消弭这些数字痕迹，如自行删帖或让朋友删除帖子（Lang & Barton, 2015）。

二、隐私行为的动因

1. 隐私关切

学界目前普遍采用隐私关切（Privacy Concern）这一概念来探究各式

关乎隐私的行为（Xu et al., 2011）。隐私关切主要是指对于隐私风险的信念、感知和态度（Dienlin & Metzger, 2016; Kehr et al., 2015; Krasnova et al., 2012）。隐私关切主要经由两个层面进行概念化和操作化。首先，它可被理解为普遍担忧的一种形式，即各种互联网平台的用户对可能的个人信息流失所持有的担忧（Smith et al., 1996; Son & Kim, 2008）。其次，隐私关切也可被定义为依据具体情况而言的担忧，即用户对使用某一具体网站或应用的风险意识（Kobsa et al., 2016）。个体对于隐私的感知总是依托于具体的情境，多数研究倾向于采用后一种更具价值和意义的视角，而非选择一个普遍意义的切口（Xu et al., 2011）。

用户通过隐私管理策略来避免隐私风险，回应隐私关切，尤其当用户格外在意个人信息和隐私保护时。尽管一些研究支持隐私悖论，但许多研究也指出了隐私关切对于个人隐私保护的积极效用（Baruh et al., 2017; Smith et al., 2011）。这些研究的经验性结论与调节定向理论相呼应：当用户对隐私侵犯较为敏感时，他们的隐私管理重心锁定于预防性和保护性策略，相应的隐私保护行为也会随之产生。虽然社交媒体越来越成为人们日常生活中不可或缺的一部分，但是用户常常会面临各种各样的隐私威胁，其时刻会产生对于自己个人信息的担忧。由此可见，隐私关切对隐私行为的影响是持续性的，会在自我披露的不同阶段采取相应的隐私管理策略。

2. 隐私泄露经历

隐私行为并非仅受隐私关切这一单一因素影响（Wirtz & Lwin, 2009）。过往经历对于用户个人行为具有一定的作用。个体常依赖于自己的直接经验（即过往经历），而非其他要素，去感知、安排后续的隐私保护行为。相对来说，直接经验印象更为深刻，也能给予用户本人更有用的信息（Fishbein & Ajzen, 1975）。过往经历能改变个体对于现实的感知，特别是负面经历，能有效增强用户的风险感知（Fazio, 1986）。

由于社交媒体用户会不断地经历隐私侵犯，包括第三方平台对用户个人数据的误用、滥用和盗用、由朋友导致的非故意的信息泄露甚至网络跟踪（Debatin et al., 2009; Lang & Barton, 2015），所以用户的过往经历会深深地改变其自身的隐私保护行为（Yang & Liu, 2014）。也就是说，社交媒体用户的过往隐私侵犯经历能增强他们对于隐私风险的警惕性，那些经历过隐私侵犯、滥用甚至盗用的用户会更关注个人信息的安全和保护（Smith et al., 1996）。实际上用户的行为和观念都是由不同的过往经历所塑造的，例如现有研究已经发现用户的过往经历会深刻影响用户的隐私关切（Smith et al., 2011）。

3. 社交收益

尽管用户希望在使用社交媒体时获得诸多利处，但鉴于其"社交"属性，用户使用此类平台时最主要的目的在于维护和拓展社交资本，即在社会交往层面获得相应的回报或收益。社交感知（Social Awareness）是经常用来衡量用户感知社交收益的概念，它是指在线上的互动经历中，个体对于他人的存在、关系和活动的意识感知（Lowry et al., 2011）。在一个共享、共存的语境中，社交感知对于传播活动中的每一个个体来说都是意义非凡的。它可以给参与个体提供诸多益处，如让个体知道自身可以互动的对象、潜在的社会关系以及强化个体间的互动（Hudson & Smith, 1996）。

社交媒体的存在要义在于便利用户创建与他人的社交网络以及强化、维系与他人的社会互动。社交媒体可以让其用户意识到自己是"想象的虚拟社区"中的一个节点（Acquisti & Gross, 2006）。通过这样的连接，用户可以结识新的朋友、维稳关系、了解他人的最新动向或娱乐消遣（Choi & Bazarova, 2015）。社交感知对于社交媒体用户是极为重要的，因其能够让这些用户感受到"社区感"，更能进一步促进与他人的沟通、互动（Lowry et al., 2011）。根据前述调节定向理论的含义，当用户渴望社交感知的益处时，他们的行为是促进的、正向的、越发强烈的，也就会促使相应的个人信息分享行为的产生。

第三节　社交媒体隐私管理机制探究

一、研究框架

隐私悖论提出之后，诸多研究集中于解释用户在态度和行为上所表现出来的矛盾性。现有文献对隐私悖论的解释仍然不够彻底，仅集中于一到两个因素的单方面影响，导致隐私行为的复杂过程不能被全面地分析。事实上，社交媒体用户通常会同时采纳不同类型的隐私行为，且用户的隐私行为是由不同的动机催生的。社交媒体用户的隐私决策中存在一对互为掣肘的动机：一方面，社交媒体用户需要对外披露个人信息，以拓展社会关系网络。另一方面，用户也需时刻警惕隐私侵犯（Vishwanath et al., 2018）。隐私计算模型认为，当用户决定是否对外表露个人信息时，他们会权衡如此行为的利弊得失。从电子商务到社交媒体语境，该模型的研究视角已经被广泛采用并用以理解、分析网络用户行为（Culnan & Armstrong, 1999; Dinev & Hart, 2006; Krasnova et al., 2012; Dienlin & Metzger, 2016）。相关研究都直接或间接地指出了隐私风险和隐私利益信念的影响，强调隐私计算是一个较为理性的过程，隐私关切和社交感知会从不同角度影响不同的隐私行为（Dinev & Hart, 2006; Xu et al., 2009）。结合调节定向理论中所主张的"趋利避害"这一逻辑，本研究首先认为，隐私关切会直接引发相应的隐私保护行为而降低自我披露的倾向，社交感知则会促进自我披露但可能会阻碍隐私保护行为的发生。

隐私计算模型主张人们同时权衡得与失，这意味着当用户实施某一种行为时（披露行为或预防行为），他们也可能会被除这种行为之外的其他要素所影响。例如，隐私保护行为的主要效果将会被相反的要素所干扰而大打折扣。所以，对于隐私悖论的理解就需要考虑风险感知和利益感知的互动，并进一步检验二者的互动关系对于自我披露和隐私管理行为的不同影响。

就隐私关切而言，如本章第二节所言，用户在过往经历中获得的经验知识会转变为隐私风险信念，即隐私关切，而这一信念也会引发后续的行为。而后续的隐私管理行为则包括三个阶段，预防行为、协商行为和补救行为。综上，研究者提出以下假设。

假设 1：隐私关切正向影响预防性策略、协商性策略和补救性策略。

假设 2：社交媒体用户的过往经历正向影响隐私关切。

假设 3：社交感知的积极效用正向影响自我披露。

假设 4：隐私关切会负向调节社交感知对于自我披露的效果。

假设 5：社交感知负向调节隐私关切对于隐私管理（预防性、协商性和补救性策略）的效果。

图 3.1 为本部分提出的概念模型图。

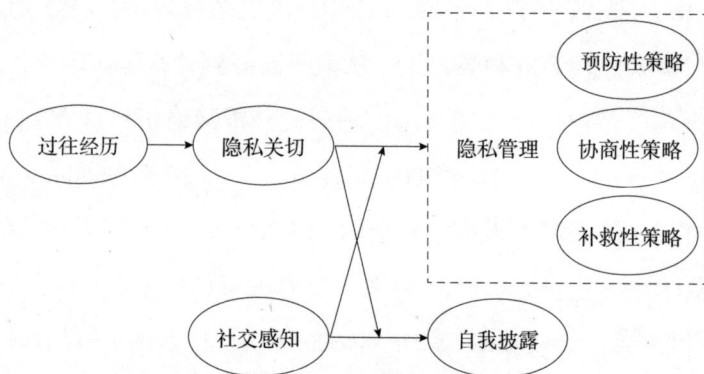

图 3.1　隐私管理行为的概念模型

该图表明：首先，过往经历会塑造隐私关切，这一影响机制会随之发挥到隐私管理行为上；其次，社交感知对于自我披露产生正向的直接影响；最后，隐私关切会调节社交感知对于自我披露的效果，而社交感知也会在隐私关切和隐私管理之间起到调节效用。

二、研究方法

1. 数据收集

本研究采用问卷调查的量化研究方式检验所提出的研究假设与概念模型。研究者通过专业在线调查公司的 Qualtrics 收集了数据，共获得 525 份有效问卷。本研究采用配额抽样的方式平衡了样本的年龄和性别比例。其中，228 个（43.4%）被调查人员为男性，297 个为女性（56.6%）。被调查者的平均年龄为 40.34 岁（SD=15.29）。此外，超过半数（55.9%）的被调查者平均每日使用社交媒体少于 1 小时，以及大部分的被调查者（82.7%）的社交媒体好友数量少于 400。

2. 数据测量

问卷中的所有题项均采用李克特七级量表，且采用的大部分量表均为广被验证的已成熟量表。所有题目的信度克朗巴哈系数（Cronbach's α）均大于 0.7，且信度范围为 0.71 到 0.93。此外，所有的题目也具有充足的区分效度。

过往经历：本研究修改并采用了 Debatin 等学者（2009）研究中的量表，并用三道题目测量（M=1.90，SD=1.19，α=0.87）：我在社交媒体上的个人信息曾被误用、滥用，我在社交媒体上的个人信息曾被不经意间泄露给那些不需要的他人或平台，我的朋友未经我允许将一些不适宜的信息泄露给他人。

隐私关切：隐私关切的测量含有三个维度（隐私信息的收集、未经允许的二次使用以及未经允许的获取）、五道题目（M=4.49，SD=1.49，α=0.92）。量表源自 Smith 等人的研究（1996）。该量表可直接测量出社交媒体用户对于潜在隐私问题或风险的认知、态度。

隐私管理策略：本研究设置了三道题目测量预防性策略（M=5.70，SD=1.46，α=0.93）：使用社交媒体时，我设置了"谁能看我的个人资料"；

使用社交媒体时，我设置了"谁能看我的动态"；使用社交媒体时，我设置了"谁能给我发私信"。

协商性策略的测量包括四道题目（M=4.85，SD=1.27，α=0.71）：我在社交媒体上发布的内容是适合所有人看的；我会考虑谁将会看到我的动态，进而调整我发布的动态内容；我会根据我的好友列表，把我的动态设置成仅某些人可见；在发布关涉别人的内容前，我会请求当事人的准许。

补救性策略的量表源自 Cho 和 Filippova 的研究（2016）。量表内包含两道题（M=3.54，SD=1.62，α=0.85）：朋友上传的照片，我会取消对我的标记；我会让朋友删除其上传的关于我的内容。

社交感知：本研究采用了 Lowry 等人（2011）的量表，测量社交媒体用户的社会意识，包括：社交媒体方便了我与朋友、他人的互动；社交媒体给予了我与朋友相关联的感觉；社交媒体帮助我的朋友了解我的近况。

自我表露：本研究采用了 Wheeless 和 Grotz（1976）的量表，测量用户的自我表露程度。量表内共有三道题：我在社交媒体动态中表达的情绪、经历和感受是我真实的感知，我常常在社交媒体上表达个人观点；我经常在社交媒体上表达最真实的自我。

三、研究发现

本研究在 R（5.22）中用 Lavaan 包进行了数据分析，用以检验测度模型的探索性因子分析（Exploratory Factor Analysis）和验证性因子分析（Confirmatory Factor Analysis），以及用以检验研究模型和研究假设的结构方程模型。

1. 测量模型

本研究通过时间维度区分社交媒体上隐私管理策略的研究，采用探索性因子分析的方法对以上变量进行降维处理，将其聚类为不同的核心因子。

　　主成分分析显示，测量问题可划分为三大类：预防性策略、协商性策略和补救性策略。本研究随后采用验证性因子分析将所有变量整合到测量模型中。如表 3.1 所示，测量模型（模型 1）的卡方检验是显著的 $[x^2(174) = 456.552, p<0.001]$；CFI=0.959、TLI=0.951、SRMR=0.038 和 RMSEA=0.056（90% C.I.=0.049, 0.062）的测算结果显示，模型拟合优度也在可接受范围之内；此外，潜变量 Indicator 的因素负荷量均大于 0.4，因此，本研究采用该模型进行后续的数据分析。

表 3.1　不同模型的比较

	测量模型（模型 1）	研究模型（模型 2）	比较模型（模型 3）
卡方检验 x^2（df）	456.552（174）***	707.719（308）***	558.745（233）***
CFI	0.959	0.952	0.956
TLI	0.951	0.945	0.948
SRMR	0.038	0.045	0.046
RMSEA	0.056	0.050	0.052
	90% C.I. = 0.049, 0.062	90% C.I. = 0.045, 0.055	90% C.I. = 0.046, 0.057
R^2（预防性）	N.A.	0.091	0.081
R^2（协商性）	N.A.	0.187	0.159
R^2（补救性）	N.A.	0.167	0.145
R^2（自我表露）	N.A.	0.089	0.086

注：*$p < 0.05$，**$p < 0.01$，***$p < 0.001$。

2. 结构方程模型

　　本研究采用结构方程模型测算了表 3.1 中的模型 2 以及研究假设。考虑到调节效应，本研究采用了无约束方法分析潜变量的交互效应。该方法类似于建立一个向量叉积，不需要任何等式限制条件。根据结果，本研究分别选择了隐私关切和社交感知的前三变量。之后，本研究组合了乘积项：从每一变量中选取一维度的题目（如隐私关切的第一维度题目 × 社交感知利益的第一维度题目、隐私关切的第二维度题目 × 社交感知利益的第二维度题目、隐私关切的第三维度题目 × 社交感知利益的第三维度题目）。这些潜在变量的交互作用（隐私关切 × 社交感知利益）可以通过这些交叉乘积项进行判断。

尽管卡方检验表示存在显著差异 $[x^2 (308) =707.719，p<0.001]$，但结构方程模型的模型拟合指数（见表3.1）均在可接受范围之内 CFI=0.952，TLI=0.945，SRMR=0.045，RMSEA=0.050（90% C.I.=0.045, 0.055）。本研究同样测试了比较模型（模型3），但并没有加入调节效应，仅测试了前因变量对于结果变量的直接效果。虽然模型指数 CFI=0.956，TLI=0.948，SRMR=0.046，RMSEA=0.052（90% C.I.=0.046, 0.057）及卡方检验 $[x^2 (233) =558.745，p<0.001]$ 的结果显示模型3也在可接受范围内，但通过模型2中结果变量的 R^2 可以看出，模型2比模型3更具有解释力。

3. 假设检验

根据每条路径的模型估计（见表3.2和图3.2），本研究检验了五个研究假设。研究假设1得到支持，即社交媒体用户的隐私关切对三种隐私管理策略均具有显著影响，预防性策略（H1a，β=0.143，p<0.05），协商性策略（H1b，β=0.306，p<0.001），补救性策略（H1c，β=0.211，p<0.01）；同样，研究假设2也被支持：社交媒体用户的过往经历和隐私关切（β=0.542，p<0.001）之间为正相关关系；假设3也被数据支持，即社交媒体用户的社交感知和自我披露同样构成了一种正相关关系。

研究假设4被拒绝，表明隐私关切在社交感知和自我披露之间的调节效应并不显著（β=-0.049，p>0.05）；研究假设5中的两条路径（H5b：β=-0.115，p<0.05；H5c：β=-0.122, p<0.05）均被证实，包括社交感知在隐私关切和协商性策略中以及隐私关切和补救性策略中的调节效应。然而，假设5的第一条路（β=-0.084，p>0.05）被拒绝，则意味着隐私关切对于预防性策略的效果并不是由社交感知所调节。

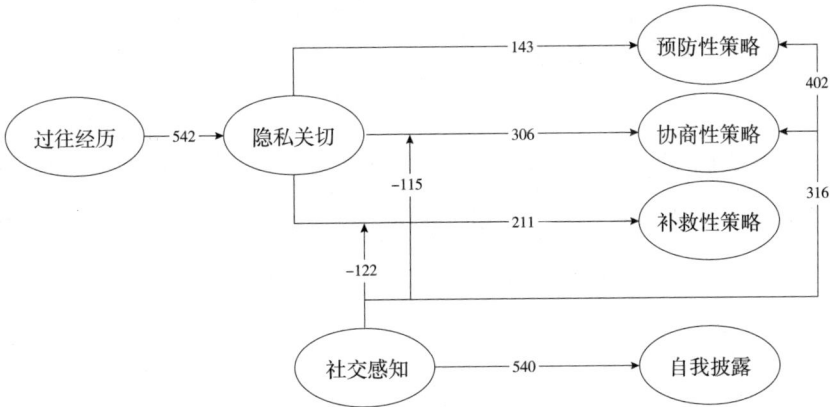

图 3.2　假设检验结果

表 3.2　假设检验结果

自变量		因变量	β（SE）
假设 2	过往经历	隐私关切	0.542（0.056）***
假设 1a	过往经历	预防性策略	0.016（0.062）
	隐私关切		0.143（0.059）*
	社交感知		0.402（0.081）***
假设 5a	隐私关切 × 社交感知		−0.084（0.047）
假设 1b	过往经历	协商性策略	−0.006（0.060）
	隐私关切		0.306（0.065）***
	社交感知		0.316（0.072）***
假设 5b	隐私关切 × 社交感知		−0.115（0.049）*
假设 1c	过往经历	补救性策略	0.353（0.085）***
	隐私关切		0.211（0.062）**
	社交感知		−0.070（0.084）
假设 5c	隐私关切 × 社交感知		−0.122（0.047）*
假设 3	隐私关切	自我披露	−0.003（0.064）
	社交感知		0.540（0.105）***
假设 4	隐私关切 × 社交感知		−0.049（0.067）

注：*p < 0.05，**p < 0.01，***p < 0.001。

上述研究结果显示：其一，自我披露仅由社交感知的积极效用决定、影响。其二，阶段不同，隐私管理也不尽相同：受隐私关切的不断驱动，隐私管理在三个阶段均有存在。然而，在协商和补救阶段，隐私关切的影响会受社交感知的负向调节。其三，社交感知对预防性和协商性策略均有积极影响。总体来看，自我披露往往由动机要素直接驱动，隐私管理行为则是一个较为复杂的权衡过程。

四、讨论与结论

1. 自我披露行为的单一机制

本研究旨在对隐私行为的动机和结果进行系统性的、过程性的理解，即不同的隐私动机（过往经历、隐私关切和社交感知的益处）如何影响隐私管理策略和自我披露行为。研究发现，社交感知和自我披露之间的直接关系可作为一个切入视角，帮助我们有效理解用户的自我披露行为。信息披露动机（如社交感知的益处）是自我披露的直接动力。在这一过程中，隐私关切既不起到直接作用，也不起到调节作用。此外，过往经历对自我披露也不具有任何效用。即使当用户格外关注或曾经感受过隐私侵犯，在利益驱使下，用户也不会对自身的信息表露行为加以控制。以上结果表明，自我披露的动机要素相对而言较为直接。

过往的大量研究聚焦于隐私信念（如隐私关切）和隐私行为（如自我披露）之间的关系，但研究的结论却相互矛盾（Acquisti, 2004; Taddei & Contena, 2013）。许多研究致力于在各种理论视角下解开"隐私悖论"，如隐私演算模型、结构理论、幸存者效应等（Kokolakis, 2017）。本研究的结论则指出，定向调节的理论视角可以帮助我们更好地理解隐私关切和信息披露行为。

"隐私悖论"或者说关涉隐私信念和效果之间关系的不一致结论，源于错误地把预防性动因和促进性行为连接起来，即这些研究使用了大量的预防性要素（隐私关切和过往经历）去解释促进性行为。因此，将动机与行为匹配起来才更富有学理性。当我们预测用户行为时，行为的聚焦点应当被纳入考虑范畴。如果匹配以错误的动机的重心，结论可能也会随之出现偏差。信息披露的过程是单一的、明确的，不受预防性要素的影响。

2. 隐私管理的复杂过程

与自我表露相比，隐私管理的动机要素更为复杂。首先，隐私关切在事前、事中、事后三个阶段都驱使社交媒体用户采取隐私保护行为，当用户采取隐私保护行为时，他们的规制重心总是受预防性动机推动。其次，社交媒体用户的先前隐私侵犯经历极大程度地塑造了用户的隐私关切。这一结论在社交媒体语境中是常见的、易于理解的。因隐私侵犯在社交媒体上是一个极为常见的现象，用户常常经历或面临个人隐私的侵犯和意外泄露。这些负面经历也会随后内在化为用户的风险信念。尽管如图3.2所示，本研究发现了过往经历和补救性隐私管理行为的直接关系，但社交媒体用户的过往经历并不能直接导致隐私管理行为，尤其是预防性策略和协商性策略。以上发现也验证了本研究的研究假设，即社交媒体用户的过往经历会转变为隐私关切，进而对隐私管理行为产生影响。

结果显示，社交媒体用户并不在自我披露的过程中权衡风险和利益，而是在隐私管理的过程中，由社交感知利益而定。与本研究的假设相悖，社交感知甚至会直接积极地影响预防性策略和协商性策略。所以，隐私管理策略的变化并不一定仅仅由隐私关切的变化所决定，社交感知对其也具有决定作用。甚至当缺乏隐私关切时，某一用户仍旧会改变自己的隐私信息设置（即预防性策略）或在社交感知的影响下，这一用户也会仔细审查发布的信息内容，并考虑潜在的受众（协商性策略）。这些研究发现共同展示了隐私关切和社交感知的效果，以及两种维度的隐私管理行为的交叉效果，同信息披露的阶段一道变化。这意味着从时间维度来看，不同阶段的隐私管理是不尽相同的。

在自我披露之前和之中时，隐私关切和社交感知均可导致保护性策略的出现（预防性策略和协商性策略）。这表明，社交感知不仅可以帮助用户在社交媒体使用时获得既定的利益，也可以使用户对人际边界更为关注。社交感知的益处会促进用户更加小心谨慎地管理社交边界，以确保一种与他人亲密的但也安全的社会互动（如预防性策略）以及通过边界的检查，去避免用户间关系的破损（如协商性边界）。所以社交感知和隐私关切共同促进用户更积极地采取预防性策略和协商性策略。

社交感知的积极的、直接的效果会在自我披露之后的阶段销声匿迹。在事后阶段，用户诉诸补救性策略并不仅去弥补自身引起的问题，也会去解决、补救那些由好友引起的麻烦（Cho & Filippova, 2016）。为了避免损害朋友间的关系，社交媒体用户会非常谨慎地使用补救性策略，社交感知也会提醒用户尽量避免伤害关系的情况发生，以及避免使用补救性策略。隐私关切和社交感知的互动效果体现在协商性和补救性策略中。在自我披露时以及事后的阶段，由于信息分享行为和隐私保护行为同时进行，此时的隐私管理变得越来越复杂，因为社交媒体用户需要考虑更多的情境要素。

风险和利益的权衡尤其在自我披露之中和之后的阶段突出，这说明，尽管隐私关切会促使用户在自我披露时更加具有保护色彩，但是社交感知会使得用户更加明确自我披露的益处。社交感知也会与隐私关切交互推动社交媒体用户的隐私计算。后续的相关研究需要进一步检验隐私计算模型以及隐私关切和感知信念（如本研究中的社交感知）的互动关系，而非简单地分析以上两要素的直接效果。除此之外，之后的相关研究也应观照自我披露在不同阶段的隐私管理行为。

五、小结

本研究存有一定的局限性。首先，数据采用横截面的问卷数据，基于这种数据的研究结论推广到随机的网络上较为困难，但本研究所参考的系统性理论框架和过往的经验性研究能在一定程度上弥补这一局限。其次，根据不同的时间阶段归类划分隐私管理较为主观，如协商性策略和补救性策略的频繁使用可以促使社交媒体用户调整个人账号的隐私设置，即更改其预防性策略。未来研究可用一些关注时间线性发展的手段或实验方式解构、评估隐私保护策略的不同时间阶段。最后，本研究没有直接检验调节定向理论中的规制重心本身，为了能够更加准确地理解规制重心的角色，本研究建议后续研究可直接检验个人规制重心对于隐私相关行为的直接影响（Higgins et al., 1997）。

本研究对理解社交媒体用户的隐私行为具有一定的指导意义。一是本研究整合了调节定向理论和隐私计算模型，展现了社交媒体用户隐私管理和自我披露的系统性过程。这一整合的理论框架可以作为后续研究的理论来源。二是本研究采用了一个更为系统化、线性的方式去探究社交媒体用户的隐私管理，并且发现隐私管理的诸多影响要素（如隐私关切，社交感知，以及以上两要素之间的互动）在不同的自我披露阶段所发挥的功能也是不同的。三是本研究认为隐私计算模型适合隐私管理过程的研究，而非自我披露行为，特别是隐私关切和社交感知之间的互动会影响隐私保护行为（协商性策略和补救性策略），而非信息披露行为本身。可以看出，隐私行为的决策过程是目的导向的、动态的以及具有明显的时序性。

参考文献

[1] Acquisti A. Privacy in electronic commerce and the economics of immediate gratification[C]//Proceedings of the 5th ACM conference on Electronic commerce, 2004: 21–29.

[2] Acquisti A, Brandimarte L, Loewenstein G. Privacy and human behavior in the age of information[J]. Science, 2015, 347(6221): 509–514.

[3] Acquisti A, Gross R. Imagined communities: Awareness, information sharing, and privacy on the Facebook[J]. Privacy Enhancing Technologies: 6th International Workshop, 2006: 36–58.

[4] Anderson C L, Agarwal R. The Digitization of Healthcare: Boundary Risks, Emotion, and Consumer Willingness to Disclose Personal Health Information[J].Information Systems Research, 2011, 22(3): 469–490.

[5] Barnes S B. A privacy paradox: Social networking in the United States[J]. First Monday, 2006, 11(9).

[6] Baruh L, Secinti E, Cemalcilar Z. Online Privacy Concerns and Privacy Management: A Meta–Analytical Review: Privacy Concerns Meta–Analysis[J]. Journal of Communication, 2017, 67(1): 26–53.

[7] Boyd D M, Ellison N B. Social network sites: definition, history, and scholarship[J]. IEEE engineering management review, 2010, 38(3): 16–31.

[8] Chen H T, Chen W. Couldn't or wouldn't? The influence of privacy concerns and self–efficacy in privacy management on privacy protection[J]. Cyberpsychology, Behavior, and Social Networking, 2015, 18(1): 13–19.

[9] Child J T, Haridakis P M, Petronio S. Blogging privacy rule orientations, privacy management, and content deletion practices: The variability of online

privacy management activity at different stages of social media use[J].Computers in Human Behavior, 2012, 28(5):1859–1872.

[10] Cho H, Filippova A. Networked privacy management in Facebook: A mixed–methods and multinational study[C]//Proceedings of the 19th ACM Conference on Computer–Supported Cooperative Work & Social Computing, 2016: 503–514.

[11] Choi Y H, Bazarova N N. Self–disclosure characteristics and motivations in social media: Extending the functional model to multiple social network sites[J]. Human Communication Research, 2015, 41(4): 480–500.

[12] Culnan M J, Armstrong P K .Information Privacy Concerns, Procedural Fairness, and Impersonal Trust: An Empirical Investigation[J].Organization Science, 1999, 10(1):104–115.

[13] Bernhard D, Lovejoy J P, Ann–Kathrin H, et al.. Facebook and Online Privacy: Attitudes, Behaviors, and Unintended Consequences[J]. Journal of Computer–Mediated Communication, 2010(1):83–108.

[14] Debatin B, Lovejoy J P, Horn A K, Hughes B N. Facebook and online privacy: Attitudes, behaviors, and unintended consequences[J]. Journal of Computer–Mediated Communication, 2009,15(1): 83–108.

[15] Derlega V J, Grzelak J, Chelune G J. Self–disclosure: Origins, patterns, and implications of openness in interpersonal relationships[J]. Appropriateness of Self–disclosure, 1979: 151–176.

[16] Dienlin T, Metzger M J. An Extended Privacy Calculus Model for SNSs: Analyzing Self–Disclosure and Self–Withdrawal in a Representative U.S. Sample[J].Journal of Computer–Mediated Communication, 2016,21(5): 368–383.

[17] Dinev T, Hart P J. An Extended Privacy Calculus Model for E–Commerce Transactions[J].Information Systems Research, 2006,17(1): 61–80.

[18] Ellison N B, Vitak J, Steinfield C, et al.. Negotiating Privacy Concerns and Social Capital Needs in a Social Media Environment[J]. Springer Berlin Heidelberg, 2011: 19–32.

[19] Fazio R H. How do attitudes guide behavior?[M]//Handbook of Motivation and Cognition: Foundations of Social Behavior. New York: Guilford Press, 1986: 204–243.

[20] Fishbein M, Ajzen I. Belief, attitude, intention, and behavior: An introduction to theory and research [M]. Reading, Mass: Addison–Wesley Pub. Co, 1975: 369.

[21] Higgins E T. Beyond pleasure and pain[J]. American Psychologist, 1997,52(12): 1280.

[22] Higgins E T. Promotion and prevention: Regulatory focus as a motivational principle[M]//Advances in experimental social psychology. Academic Press, 1998, 30: 1–46.

[23] Hudson S E, Smith I. Techniques for addressing fundamental privacy and disruption tradeoffs in awareness support systems[C]//Proceedings of the 1996 ACM conference on Computer supported cooperative work, 1996: 248–257.

[24] Joinson A N, Paine C B. Self–disclosure, privacy and the internet[M]//Joinson A N, McKenna K Y A, Postmes T. Oxford Handbook of Internet Psychology. Oxford: University Press, 2021: 237–252.

[25] Kehr F, Kowatsch T, Wentzel D, et al.. Blissfully ignorant: the effects of general privacy concerns, general institutional trust, and affect in the privacy calculus[J]. Information Systems Journal, 2015, 25(6): 607–635.

[26] Kobsa A, Cho H, Knijnenburg B P. The effect of personalization provider characteristics on privacy attitudes and behaviors: An Elaboration Likelihood Model approach[J]. Journal of the Association for Information Science

& Technology, 2016, 67(11): 2587–2606.

[27] Kokolakis S. Privacy attitudes and privacy behaviour: A review of current research on the privacy paradox phenomenon[J]. Computers & Security, 2017, 64(Jan):122–134.

[28] Krasnova H, Veltri N F, G ü nther O. Self–disclosure and Privacy Calculus on Social Networking Sites: The Role of Culture[J].Business & Information Systems Engineering, 2012, 4(3):127–135.

[29] Lang C, Barton H. Just Untag it: Exploring the management of undesirable Facebook photos[J]. Computers in Human Behavior, 2015, 43(Feb.): 147–155.

[30] Laufer R S, Wolfe M. Privacy as a concept and a social issue: A multidimensional developmental theory[J]. Journal of Social Issues, 1977, 33(3): 22–42.

[31] Li H, Luo X (Robert), Zhang J, et al.. Resolving the privacy paradox: Toward a cognitive appraisal and emotion approach to online privacy behaviors[J]. Information & Management, 2017, 54(8): 1012–1022.

[32] Li H, Sarathy R, Xu H. Understanding situational online information disclosure as a privacy calculus[J]. Journal of computer information systems, 2010,51(1): 62–71.

[33] Lowry P B, Cao J, Everard A. Privacy Concerns Versus Desire for Interpersonal Awareness in Driving the Use of Self–Disclosure Technologies: The Case of Instant Messaging in Two Cultures[J].Journal of Management Information Systems, 2011, 27(4):163–200.

[34] Marwick A E, Boyd D. Networked privacy: How teenagers negotiate context in social media[J].New Media & Society, 2014: 1051–1067.

[35] Mosteller J, Poddar A. To Share and Protect: Using Regulatory Focus Theory to Examine the Privacy Paradox of Consumers' Social Media Engagement

and Online Privacy Protection Behaviors[J]. Journal of Interactive Marketing, 2017, 39: 27–38.

[36] Petronio S. Boundaries of Privacy: Dialectics of Disclosure[M]. New York: Suny Press, 2002: 56.

[37] Pham M T, Higgins E T. Promotion and prevention in consumer decision–making: the state of the art and theoretical propositions[M]//Ratneshwar S, Mick D G, et al.. Inside Consumption. New York: Routledge, 2005: 30–65.

[38] Smith H J, Dinev T, Xu H. Information privacy research: An interdisciplinary review[J]. MIS Quarterly, 2011: 989–1015.

[39] Smith H J, Milberg S J, Burke S J. Information privacy: Measuring individuals' concerns about organizational practices[J]. MIS Quarterly, 1996: 167–196.

[40] Son J Y, Kim S S. Internet users' information privacy–protective responses: A taxonomy and a nomological model[J]. MIS Quarterly, 2008: 503–529.

[41] Stutzman F, Kramer–Duffield J. Friends only: Examining a privacy–enhancing behavior in Facebook[C]//Proceedings of the SIGCHI conference on human factors in computing systems, 2010: 1553–1562.

[42] Taddei S, Contena B. Privacy, trust and control: Which relationships with online self–disclosure?[J].Computers in Human Behavior, 2013, 29(3): 821–826.

[43] Vishwanath A, Xu W, Ngoh Z. How people protect their privacy on Facebook: A cost–benefit view[J]. Journal of the Association for Information Science & Technology, 2018, 69(5): 700–709.

[44] Wheeless L R, Grotz J. Conceptualization and measurement of reported self–disclosure[J]. Human Communication Research, 1976, 2(4):338–346.

[45] Wirtz J, Lwin M O. Regulatory Focus Theory, Trust and Privacy Concern[J]. Journal of Service Research, 2009, 12(2): 190–207.

[46] Xu H, Dinev T, Smith J, et al.. Information privacy concerns: Linking individual perceptions with institutional privacy assurances[J]. Journal of the Association for Information Systems, 2011, 12(12): 1.

[47] Xu H, Teo H H, Tan B C, Agarwal R. The role of push-pull technology in privacy calculus: the case of location-based services[J]. Journal of management information systems, 2009, 26(3): 135-174.

[48] Yang H, Liu H. Prior negative experience of online disclosure, privacy concerns, and regulatory support in Chinese social media[J]. Chinese Journal of Communication, 2014, 7(1): 40-59.

[49] Young A L, Quan-Haase A. Privacy protection strategies on Facebook: The Internet privacy paradox revisited[J]. Information, Communication & Society, 2013, 16(4): 479-500.

第四章

隐私困境与边界管理

隐私管理与信息控制密不可分，而信息控制的本质在于人们能够保证传播信息的范围，即边界的确立。当前，网络空间中隐私风险产生的根源之一在于"边界"的消失。语境崩溃这一概念形象地描述了社交媒体上人际网络边界的消失继而导致个人信息传播的不可控，以及由此带来的诸多隐私风险。本章从语境崩溃概念切入，阐述边界的消失在算法时代的人际互动和人机互动过程中引起的隐私困境，并提出如何通过重建边界以实现隐私保护的建议。

第一节　语境崩溃：消失的边界

一、何谓语境

1. 语境的意涵

语境（Context）为传播活动的顺利开展提供了前提和场景。不同的学科、不同的理论和不同的视角对于语境的理解也不一致。最广义的层面，语境为使用语言的环境（胡壮麟，2002）。传播学视角下的语境是传播活动的情境，涵盖了影响传播活动的时间、空间和社交关系等因素（Davis & Jurgenson, 2014）。其可以指向表达者所处的地点、场合、时机，也可以指向表达者与观众之间的关系、观众之间的关系，甚至可以具体地指向物理空间的陈列、表达内容的上下文。这些情境因素限定了传播活动双方应当遵守的仪式和社会规范，包括表达者的内容主题、言谈举止、仪态着装等，也包括观众应当遵守的礼仪和互动形式。回忆一下教室里的老师和学生、剧院里的演员和观众、家庭中的父母和子女等生活中的具体场景，即可想到语境对于传播活动的约束。语境的存在可以使表达者意识到自身与观众的关系以及观众对于自己行为的期待，继而影响其行为。语境和自我展演相辅相成，密不可分。语境在一定程度上限制甚至决定了个体的表演，个体也可通过语境的主观建构和改造，帮助自己顺利完成不同的表演，实现呈现自我的不同面向的目的。

2. 语境的变化

伴随着新媒介技术在人们社会互动过程中的应用，语境在个体、媒介和效果三个方面经历了变化。

其一，语境内个体的互动方式由身体共现转变为虚拟共现，且观看表演的观众被整合到一个剧场内。线下传播或面对面交流时的语境依赖于语境参与者的身体共现。即参与的个体只有真实到场以后，才能共同建构一个适宜的语境。而现今的社会生活是一种"数字化生存"。以 5G 基站、大数据中心、人工智能、工业互联网和物联网等数字基础设施为基底，大部分的社会个体成为数字化设备体验的高度参与者（胡泳、年欣，2020）。人们甚至不需要见面，就可以达成和维系一段又一段的社会关系。以微博和微信为例，纵然远隔千里或互不认识，用户依旧可以以账号为媒，与其他用户随时随地进行互动。用户的账号是虚拟的，以及所有的个人资料、朋友圈和微博也都是数字化的表达。用户间的互动方式早已成为一种虚拟共现。如此的互动方式也使观众成为一个整体的人群。线下交流时的语境及其内部的参与个体是明显易区分的。如教室里的教师和学生、厨房里的厨师以及体育馆里的运动员。而对于线上的语境而言，观众是虚拟且整体的。如从微信用户的视角来看，该用户的所有好友都被框定到了一个固定的虚拟空间内。如不采取任何特殊的措施（如屏蔽好友、设置朋友圈权限等），所有的用户观看的是同一场次的同一场表演。

其二，语境的媒介由语言转变为多模态的表达方式。线下传播过程中的语境营造主要依赖于语言。人们主要通过这种转瞬即逝的口语传播方式传递意义。而新媒介技术中的多样化表达方式，拓宽了意义传达的渠道。各种移动应用和网站的用户可以通过文字、表情（包）、视频、音频、语音等多模态的表达方式与其他用户互动交流。比较两种不同类型的传播方式，后者的特点在于：一是语言是不可逆的，而数字化的多模态表达方式是可回溯和保存的；二是语言表达意义时较为局限。以上的多种表达形式可以从声音符号、视觉符号和听觉符号的多个维度进行意义传达。

其三，承载线上传播的可控性更强，但语境崩溃的可能性也更大。线下传播活动过程中的语境依赖于实体的物理空间、语言以及身体的共同在场。而以互联网为中介的语境灵活性更强，媒体用户对于语境的可控性也更强。比如，微信用户可以注册多个账号管理私人和工作领域（如一个账号为"私人账号"，另外一个账号只做工作交流之用），也可以给好友设置分组标签，从而建立不同的话语空间以及进行针对不同观众的表演。但如上所述，线上的观众被整合到了同一空间内，这也意味着媒体用户语境崩溃的可能性也随之增加。因为大家观看的是同一演员的同一场表演。而为了避免语境崩溃，用户需充分发挥能动性利用各项现成的数字功能去重塑不同的语境。

二、语境崩溃

1. 概念缘起

语境崩溃（Context Collapse）的概念起源于梅罗维茨在《消失的地域》一书中提出的电子媒介的出现消解了传播场景之间的边界，例如广播员坐在喇叭前可以向大范围的无差别的听众广播（Meyrowitz, 1985）。在线下面对面的传播活动中，语境之间的区隔在空间上是显见的，观众群体的存在和构成对于表演者而言也是直观的。当我们面对不同的"观众"，我们会在不同的地域展示不同的自我。如对于一名白领而言，他 / 她在家庭内则要扮演"好爸爸 / 好妈妈"的角色；对于大学生而言，上一秒可能还在宿舍内和舍友议论八卦，下一秒则可能在教室内汇报小组作业。个体塑造语境和表演自我在不同的地理空间内进行。

随着电子媒介的普及，这种语境之间物理意义上的区隔变得模糊，"观众"的概念对于表演者而言也成了抽象的存在。以职业演员为例，在剧院演出的时候，他能够真实地看到具体的观众和观众的反应。当他的演出通过电视或者电影等电子媒介呈现的时候，面对的观众不再是受限于剧院这一情境的群体，而是大量的、不可见的、多样化的人群。这样的语境和表演环境使得"语境崩溃"的概念应运而生，其指代个体自我表演破碎或多个自我展演失败的情境或事件。

2. 社交媒体与语境崩溃

社交媒体上的语境崩溃是指，社交媒体将众多分散的异质的观众连接在同一个网络上，用户进行自我展演和自我披露的情境变得模糊化、一致化（Marwick & Boyd, 2011）。如果说传统媒体时期以及其之前的语境和展演空间是多元的，那么社交用户的语境和表演空间就是一个整体的、虚拟的空间：虽然用户可以通过各种各样的方式控制或分割空间（如给好友设置分组、标签以及设置动态的可见与不可见），但一个社交账号只拥有一个整体的、根本的空间（如微信朋友圈、QQ空间等）。此外，社交媒体本质上是一个技术平台。用户可以通过多模态的符号（视频、图片、文字等）表达自我。而这些内容只要用户不主动删除，几乎可以永久地保存在平台内。这样的信息传播和存储使得回溯、复盘和编辑过往的内容成为常态。因此，社交媒体时代上自我展演的空间是模糊的、时间是非线性的。

其一，语境崩溃的影响集中表现为隐私信息的暴露和自我展演的困境。无论是线下沟通还是线上互动，语境内的信息相对来说是私密的、隐秘的。这也是为什么要建构不同的语境空间——有些信息适合这样的观众，而有些信息却不能给这些观众分享。因此，某一特定的语境实际上由适宜的隐私信息支撑起来。而当语境和隐私不协调、不匹配时，也就出现了隐私信息暴露的情况。同时，社交媒体上的语境崩溃常常引致用户形象管理的失败。戈夫曼的拟剧理论强调表演者的目的在于管理自己在不同观众面前呈现不同的形象（Goffman, 1959）。语境崩溃则直接意味着本来面向 A 观众群的形象却展示给了 B 观众群，观众和表演之间的错位也代表着表演者形象的失败。有研究发现，当面对社交账号上的语境崩溃时，大部分用户感受到了较为强烈的"丢面子"或者"丢脸"的情绪（Loh & Walsh, 2021）。

其二，要区隔观众，建立不同的语境。区隔观众的前提条件在于观众可识别以及能够被区隔。在面对面交流中，观众的识别和区隔常常是容易的、明确的。但在社交媒体中，数字化生存的方式使线上观众之间的界限变得模糊、混杂。社交媒体中的好友，不仅包括现实生活中的家人、同学、朋友、老师等传统的社交对象，更包括网友、微商等。好友数量的增加以及社会关系的复杂加深了区隔不同观众的难度。但现今，许多社交软件都推出了用于区别不同好友的功能。以微信为例，用户可以给微信好友设置标签分组，可以在发朋友圈前指定可见或不可见的好友，也可以单独给某位好友设置朋友圈权限，如"仅聊天""不看他""不让他看我"等。而这些功能，是微信用户用来区隔不同观众进而进行不同表演的最直接方式，他们可以将那些不适合观看自己表演的观众及时区别开来，从而实现前台和后台的有效管理。

3. 语境整合与语境冲突

语境崩溃这一概念尤其受社交媒体研究者的青睐，并得到了诸多面向的发展。在原概念的基础上，美国学者 Davis 和 Jurgenson 区分了语境整合（Context Collusions）和语境冲突（Context Collisions），二者的根本性差异在于用户的意图和目的性，即用户面临的语境崩溃这一现实究竟是用户主动地、有目的地保持的，还是无意造成的（Davis & Jurgenson, 2014）。前者即语境整合，后者则是语境冲突。语境冲突与语境崩溃的本意实际是一致的，即一些本不愿意分享的信息被无意地暴露在不同的场景，展现在"不速之客"的面前，严重影响了用户的自我展演和形象管理。

语境整合则可以从生活中的案例理解：无论在中国还是西方国家，结婚仪式都是个体成长中的重要环节。仪式这天，双方的亲朋好友都会前来道喜，共享喜悦时刻。如果我们将相互之间是否熟悉作为划分标准，前来参加婚宴的客人可以视为由很多异质群体组成，如新娘的闺密、新郎的同学等。从主办方的视角来看，婚宴实际上把不同的群体集结到一个相同的语境内。在这个语境里，客人们共同见证二位新人喜结连理、共同观看结婚仪式并共同感受新郎新娘发言里的真诚爱情。在语境崩溃的视角下，这场婚宴是一个有目的的异质语境整合，进而共同见证一个仪式的举办。类似地，语境整合在社交媒体上也极为常见，用户将所有异质性的、特质不同的受众置于同一网络之中，继而打造"人设"来获得更多的关注以增加社会资本，博取更大的流量。

4. 时间崩溃

如果说上述的语境崩溃、语境整合和语境冲突的概念以空间视角为基准，即着眼于不同空间内的信息错位，那么时间崩溃（Time Collapse）的提出则从时间的线性角度拓展了语境崩溃这一概念。时间崩溃描述了用户过去在社交媒体上发布的内容会对其现在的形象产生影响，即"过去""现在"乃至"未来"的区分在社交媒体上不再清晰（Brandtzaeg & Lüders, 2018）。

时间崩溃可从"可供性"的视角理解。社交媒体本身具有的信息传播多模态（文字、图片、视频、链接等）、不受空间限制以及信息存储的持久性等特点使其成为建构个人社会关系网络的重要平台（谭天、张子俊，2017）。社交媒体的持久性特征使得海量社交信息的长时间存储成为可能，但也会由于历史内容而引起语境崩溃。例如，微信用户通过朋友圈进行自我展演，其表达的内容越多、时间越长，所记录的、存储的数据就会越多。

这些历史数据越多，用户越面临着语境崩溃的风险。因此，当添加了新的好友时或者社交圈发生了较大变动时，或出于"不让他／她看到我过去的样子"的目的，或为了"删除以前那些不太合适的内容"，部分微信用户会定期或频繁删除微信朋友圈。社交媒体的公开性也会影响时间崩溃的程度，社交媒体的公共程度越高，信息越发公开可见，留存越久，用户在时间维度上面临崩溃的可能性也会越大。

第二节　算法时代的隐私边界

一、隐私的内涵和边界

如第二章中所述，"隐私"的概念源自 1890 年美国大法官沃伦和布兰代斯所提出的每个人都有"独处的权利"，强调个人对于私人空间所拥有的"宁居权"（Warren & Brandeis, 1890）。然而，信息时代的到来以及大众个人意识的不断觉醒，使得隐私的内涵不断丰富。对于隐私的理解不再囿于可感知的空间层面，反而越发指向抽象的信息和数据层面。这表明，"隐私"实质上是一个动态概念，其内涵和外延随着时代的发展而变化。只有对隐私的概念内核进行界定，才有可能摆脱现象维度的探讨，在更深层次和更高的维度提出对策建议。

隐私的内在实质指向的是对于私人领域界限的划定和保护。在互联网普及之前的传统媒体时代，公共和私人领域的分野表征为空间层面的界限；及至传统互联网时代，隐私则被定义为私人的信息或受控制公开的个人信息，隐私的边界表征为个人所能控制私人信息的范围或界限。在以算法驱动的大数据和人工智能时代，社交媒体上的个人信息以数据的形式被结构化地储存、分享和使用，隐私的边界逐渐表征在数据层面。可以看出，对于个人隐私的理解与传播技术的演进密不可分，因循传统媒体、互联网、算法技术的发展路径而表征为空间、信息和数据层面（Craig & Ludloff, 2011），基于此，隐私边界本质上是指个人所能控制的私人领域的范围或界限。社交媒体上，用户需要在与他人交往中、与平台互动中、与其他组织交流中建立、维护和管理信息的边界以保护个人隐私。

"边界"一词肇始于心理学中的边界感这一概念，即个人在心理层面主观划定的与"他者"的界限，或者个人所处群体与其他群体的区隔。隐私边界的概念发轫于人际传播领域，奥尔特曼（Irwin Altman）在社会渗透理论（Social Penetration Theory）中提到了披露个人隐私信息对于人际关系建立、发展与崩坏的影响，并明确将隐私视为从自我到他人、从开放到封闭的边界（Altman & Taylor, 1973）。桑德拉·佩特罗尼奥（Sandra Petronio）依此构建了传播边界管理理论（Communication Boundary Management），并在后来发展为传播隐私管理理论（Communication Privacy Management）。

二、传播隐私管理理论

传播隐私管理理论将隐私边界定义为人际传播中个人所能控制私人信息的范围，即隐私边界划定了公共信息和私人信息的界限，私人信息的分享会引起隐私边界在人际之间抑或群体之间连接、渗透和混乱（Petronio, 2002）。隐私边界的管理主要依照五个原则：（1）个人确信对于私人信息的控制权和所有权；（2）个人通过建立一系列私人准则来控制私人信息；（3）当个人将私人信息的获取权让渡给他人时，他者与个人成为私人信息的"共有者"；（4）"共有"私人信息的二次传播需要征得所有者的共同商定和认可；（5）当共有者无法确定有效的私人信息分享准则时，已经建立的隐私边界将会出现混乱。传播隐私管理理论明确提出了隐私边界这一概念并影响至今，其对于人际传播中隐私边界管理的动态机制亦进行了详尽说明。

传播隐私管理理论为我们理解语境崩溃或是社交媒体上边界的消失与模糊提供了翔实的理论框架。语境崩溃源自隐私边界的混乱，又或者是个人与"共有者"管理边界出现了偏差。由是，传播隐私管理理论提出的准则可以延伸社交媒体上个人信息的分享与保护。其一，社交媒体用户通过分享私人信息来建立形象、维持人际关系以及获取社会资本，在这一过程中，用户会主动更改隐私设置以管理信息分享的界限，从而掌握私人信息的管理权；其二，社交媒体环境中的隐私边界管理更多地涉及集体管理（即更多的边界的共有者）和多维度管理，主要包括边界所有权管理（谁是共有者）、边界评估管理（什么信息可以被看）以及边界拓展管理（集体决议是否将除共有者之外的成员纳入集体隐私领域）等（Jia & Xu, 2016）；其三，社交媒体用户关注时间维度上的边界管理，例如设置微信朋友圈的可见时间范围，以及"随发随删"这一现象日渐普遍。这表明，历史存留数据的不断累积（微信的朋友圈、微博的动态等）导致其隐私边界的范围不断扩大，产生了因时间崩溃造成的边界失控风险（Brandtzaeg & Lüders, 2018）。

三、隐私边界管理困境

1. 算法逻辑下的公私边界

社交媒体上杂糅的时空关系致使用户管理隐私边界面临着复杂局面，其管理边界的策略更加复杂多样。尽管传播隐私管理理论的准则适用于理解社交媒体环境中的隐私保护，但其始终聚焦于人际关系尺度上的探讨，理论的适用性难以拓展至算法传播环境下的隐私侵犯与保护。特别是算法传播时代的到来，致使信息的流动不再局限于人际之间（个人与他人、个人与群体），也存在于人与平台的互动（个人与平台）中。

所谓算法，是基于特定而精确的逻辑运算，将输入的数据转化为可预期结果的编码指令，数据和逻辑是算法的两大特征。前者是算法平台运行不可或缺的支撑，后者是对数据进行计算、分类、总结、推理，是保证此类平台有效运作的必要条件。算法的嵌入促使传播过程在内容分发方面全面升级（彭兰，2018）。目前的算法平台广泛采用推荐系统分发内容，核心运作逻辑在于依靠用户数据进行数据建模，从而为用户提供"感兴趣的""精准的"信息并增强用户黏性（喻国明，2018）。虽然算法型分发是未来的主流内容分发模式，但在这一过程中的信息处理、承载和利用方式也引发了隐私风险和数据不当使用的伦理风险，亦给隐私边界的管理带来了极大困境。

算法技术所构建的传播环境将一切信息在算法系统中聚拢，其后被数据化、连接化。个人信息的数据化使得私人领域和公开领域的界限较难界定。个人在网络空间中生产和输出的信息被大数据、人工智能等技术加工、整合为海量的个性化数据。在这一过程中，个人信息首先被匿名化和去标识化处理，其后与他人的个人信息一起输入海量数据集当中，成为其中之一的数据。在算法技术的支配下，大量的个人生产的私人信息被糅合在一起成为公开或半公开的数据，导致数据层面难以划定私人领域和公开领域的界限。

隐私边界的潜在"共有者"不再受个人控制，也不仅仅存在于人际之间。原本离散的个人信息在算法技术构建的网络之中相互连接、交织，模糊了每个个体私人领域之间的界限。算法环境中隐私边界管理涉及的主体不仅是个人以及与个人有联系的他者，在算法推荐的作用下，社会网络中与个人有千丝万缕联系的他人亦有可能成为边界管理中的共有者，而这种隐私边界的被动让渡实际上受到了算法平台的控制，平台也成为边界管理中的潜在共有者。换言之，隐私边界在算法环境中的模糊化致使其涉及的管理主体呈现出多元、混杂的特征，除了个人与他人、个人与群体可能共同控制隐私边界，更普遍的情况是个人不得已与平台分享对于隐私边界的归属和使用权限（顾理平、杨苗，2016）。

2. 人机互动中的伦理争议

在人际传播为主的时代，私人领域和公共领域呈现为相互独立的关系，二者的界限相对清晰，隐私边界管理策略相对简单；及至社交媒体为代表的 Web 2.0 时代，私人领域和公共领域以及私人领域相互之间的关系逐渐呈现为相交关系，用户通过隐私设置等技术手段和策略尚能管理隐私边界；到了算法传播为主的时代，私人领域和公共领域不仅是相交的关系，更呈现为相互包含的关系（即私人领域成为公共空间的组成部分），二者之间的界限无法清楚辨析。

在 2020 年工信部所属的信息通信管理局所发布的《关于侵害用户权益行为的 APP 通报》（以下简称《通报》）中，用户与平台之间的不对等关系体现得尤为明显，并成为侵害用户隐私的主要原因。如图 4.1 所示，通过对《通报》内容进行语义分析表明，APP 侵犯用户权益主要体现为四种类型：欺骗、误导并强迫用户下载 APP，并提供个人信息；应用分发平台上的 APP 信息明示不到位；强制、频繁、过度索取用户的个人权限；私自、超范围或违规采集并使用个人信息。

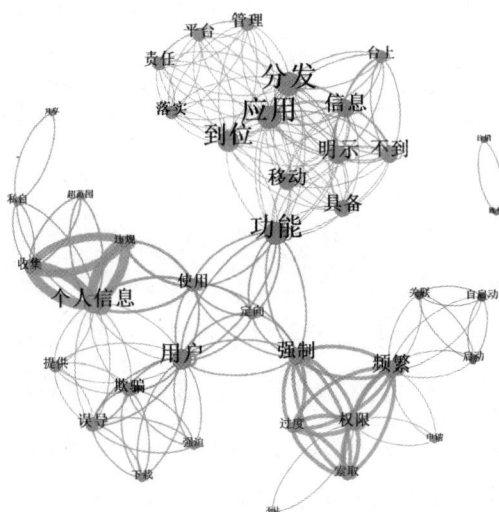

图 4.1　APP 侵犯用户权益所涉问题的语义网络图谱

上述四种个人隐私侵权行为折射出算法时代管理隐私边界的模糊化所衍生出的一系列伦理争议。

一是平台收集个人数据的边界在哪里？在算法传播主导的时代，人机互动正在成为信息流动的主要方式。就个人被动让渡的信息而言，这类信息"喂养"了算法系统，构成了这一系统的底层数据；就个人主动分享和创造的信息而言，算法系统是其第一"观众"，即算法系统会在第一时间读取这些信息并将其数据化、结构化储存。读取和存储信息的边界始终存在争议。早在 2019 年，诸多如饿了么、小红书、网易考拉等移动应用均存在未经用户同意收集个人信息的"隐私侵权行为"。对此，关于数据收集行为如何判断为"越界"也存在不同声音，包括但不限于：（1）"需要—同意说"，即"APP 功能需要，用户授权同意，数据收集行为就不算越界"；（2）"用户需要说"，即"用户需要，而非企业需要，是衡量是否越界的标准"（彭训文，2019）。

二是用户能否与平台共同协商管理隐私边界？人机互动层面的隐私边界管理与人际互动层面有着极大的不同之处。在人际互动中，"他者"是显见的，隐私边界让渡和共有的过程亦是可知觉的，所以自我与他人可以共同协商、协调隐私信息的边界管理。然而，人机互动的过程中，他者是"机器"，其存在是隐形的、不可见的，导致个人在让渡私人领域边界时的知觉度不高，对于个人数据被滥用的后果不具备预见性，更无法与"机器"调适隐私边界的管理。

三是隐私边界管理中的"人机关系"是否对等？人机互动中，个人与"机器"或是算法平台的权力关系并不对等（彭兰，2018）。个人往往受制于或屈从于算法平台，其不得不被动让渡隐私边界的所有权和使用权以便获得服务的使用。同时，个人难以约束平台，也就无法与平台共同管理隐私边界。受其"逻辑"特征和利益动机驱使，算法平台在获取了个人信息之后，往往主张对个人数据的无限使用权。在这一过程中，微观的个体无法与庞大的算法平台形成对话。可以说，隐私边界的管理在个人让渡之后并不是个人与平台共有，而是在很大程度上被算法平台所"占有"。

在算法平台抑或数据持有企业的视角下，微观个体的隐私边界早已在海量的数据中荡然无存，个人信息仅是算法系统中的一串公开数据。同时，在算法环境的人机互动尺度上，个人隐私边界与公共领域的信息渗透和连接在强大的系统面前具有不可抗性，作为个人信息的所有方，用户失去了对于自己私人领域的控制，隐私边界管理面临着失控甚至崩坏的风险。

第三节　隐私边界管理的策略

一、从人际互动到人机互动

传播隐私管理理论对于人际互动尺度上的边界管理具有较强的阐释力，国内外学者业已对新媒体传播环境下的隐私边界管理理论的适用性进行了深入探讨，其中社交媒体上的隐私边界管理研究为重要表征，包括关于微信、Facebook 等平台上隐私风险的讨论（殷俊、冯夏楠，2015）。但算法传播环境中的隐私边界管理研究尚处于缺席状态以及罕有研究在人与"机器"的互动中拓展或创新隐私边界管理理论。这意味着该理论的适用范围需要加以拓展，即关于隐私边界管理的探讨应当从人际互动尺度移焦于人机互动尺度。

将隐私边界管理延伸至人机尺度首先需要承认"机器是私人信息的共有者"已成为常态。算法早已嵌入私人生活之中，其对用户的"监视"不言而喻，私人领域中的信息和数据管理无法忽视"机器"的存在。因此，算法传播中的隐私边界管理理论需要在人机互动尺度上加以探讨，应将"机器"这一私人信息边界的共有者当作不可忽视的主体存在。

将隐私边界管理延伸至人机尺度，其次需要认识到隐私边界的管理由"人机"协作来完成。人际互动中的边界准则制定权由拥有私人信息的共有者所掌握，而算法和用户在个人数据的使用上存在竞合关系。一方面，算法与用户在数据使用上存在"争夺"的关系，算法推动个人数据范围的不断扩大增加了个人保护隐私的难度，而个人对于隐私信息的管控则会导致数据的自由流动受限；另一方面，算法与用户亦是合作关系，个人让渡部分私人信息给算法以获得更加直接和便利的服务，算法依靠数据流动提高平台的生产和服务效率。因此，算法与用户之间对于数据和隐私保护的矛盾张力使二者协作应当成为算法传播环境中隐私边界管理的一条重要准则。

二、从伦理规制到素养提升

我国《个人信息保护法》于 2021 年 8 月 20 日正式审议通过。该法确立了保护个人信息权益、规范个人信息处理活动、促进个人信息合理利用三大立法目标，并限定了个人信息处理者的保护责任、信息处理规则和行为边界。该法要求包括互联网公司在内的企业及单位，不得过度收集个人信息，更不能进行"大数据杀熟"，对人脸和指纹等个人敏感信息的处理进行了规划，明确了企业经营行为中获取个人信息的合法性边界和规范性准则。尽管《个人信息保护法》在法律层面明确了个人信息保护的基本原则、基本制度、基本行为规范和法律责任，但法律规范在现实实践中无法面面俱到。如前文所述，当前网络环境中个人信息保护的核心在于如何在隐私边界管理中实现有效的人机协作，而隐私边界管理一方面涉及对于算法的伦理规制，另一方面则涉及个人如何重夺隐私边界管理的主动权。

首先，要建立面向算法传播的技术伦理准则。技术价值论——技术是中性的还是有价值取向的——始终是网络空间治理中争论的焦点。学界的基本共识是技术是有价值取向的，使用者的价值立场直接决定了技术的立场（季为民，2006）。故而需要提升技术使用者的伦理水平，提高技术对于公众的开放性和透明度，以在隐私边界管理的过程中理解个人在隐私保护方面的弱势地位。

已有研究发现，算法工程师对算法在新闻传播领域引发的伦理问题了解甚少，仅了解一些热门事件，对伦理问题的威胁性评估偏低且改善倾向整体趋于保守，这导致了互联网从业人员对用户个人信息重要性的低估（严三九、袁帆，2019）。因此有必要教育并提升技术使用人员的伦理意识，保证算法技术的安全性，倡导以人本精神为导向，将价值理性融入算法技术使用的框架规范中，以价值理性抗衡工具理性（陈昌凤、虞鑫，2014）。面对算法技术构建的网络环境，个人始终如面对"黑箱"一般，因此还应保证算法技术的透明度和开放性，使得个人能够了解、知晓自己的私人信息会如何被算法平台采集、储存和使用。

其次，要建立面向算法传播的商业伦理准则。算法平台作为数据的采集方和储存方本应承担起保护用户个人信息安全的职责。然而，平台多从商业价值标准出发而忽略了技术采用的社会价值标准，在用户数据储存的环节往往采用最基本的措施（例如去标识化即可）以节约成本；在数据采集和使用的环节则主张无限权限，滥用个人隐私信息。虽然《个人信息保护法》规定了企业不得采集与所提供的服务无关的个人信息，但平台企业仍旧"打擦边球"，利用隐私边界在算法环境中模糊化的特征，无视相关规范。算法平台并不重视用户隐私保护的社会价值，有意诱导个人用户让渡隐私信息。例如，隐私政策声明本应起到"告知"和"同意"的作用，平台企业在界面设计和用户体验方面通常弱化隐私政策说明的"告知"功能，诱导个人迅速完成"同意"环节。

上述种种策略致使个人用户并不清楚其让渡隐私边界所面临的风险。这些现象体现出受商业利益驱使的算法平台在使用技术时的价值偏差。算法平台及相关企业亟须规范商业伦理、平衡商业价值标准和社会价值标准，继而平衡追逐商业利益与应遵循的职业道德、社会道德原则之间的关系；主动承担保护公民个人信息的责任，秉持目标确立原则和有限使用原则收集和使用数据；设立"负面清单"，明确在收集和使用数据时必要获取和不必要获取的信息，不过度、不越界、不强制索取个人信息（彭训文，2019）。

最后，要全面提升个人隐私素养。隐私保护的核心准则，是个人自主决定如何处理他们的信息、由谁来处理他们的信息，即个人享有对于私人领域信息、数据的"自决权"。目前，个人保护自身隐私信息的措施多是事后性质，即在风险既成之后才采取补救措施，而在分享个人信息之前和过程之中，个人在乐观偏差的作用下通常会低估隐私风险的后果。故而有必要将个人信息保护素养或是隐私素养的重要性纳入"数字素养"的框架之中，提升个人在认知、态度和行为层面的信息保护能力，促使个人在披露隐私信息之前能够预见风险，在隐私遭到侵犯后能够及时采取补救措施，并能利用《个人信息保护法》等法律武器保护自身权益。

提升个人隐私素养能够在源头上帮助个人获得对于隐私边界的掌控能力。个人只有认识到公共领域和私人领域的界限在算法传播环境中所发生的变化，建立相应的隐私观念（能够知晓算法平台亦是隐私边界的"共有者"），才能始终保持对于信息传播界限的敏感性，审视隐私边界的开放／封闭程度，并尝试与包括"机器"在内的多元化"共有者"协同管理隐私边界（张梦霞、桂万保，2020）。个人在具备良好的隐私素养的基础之上，方能形成符合算法传播环境中隐私边界管理的行为准则。

总而言之，于算法而言，应当从技术和商业两个角度建立伦理准则；于个人而言，应当增强隐私素养以增强个人在管理隐私边界时的"自决权"。

注：本章部分内容来自作者已发表的论文：李鹏翔，武阳. 模糊的边界：算法传播中隐私边界的内涵、衍变及其规制 [J]. 新闻与写作，2022（01）：22–29.

参考文献

[1] Altman I, Taylor D A. Social penetration: The development of interpersonal relationships[M]. Holt, Rinehart & Winston, 1973: 122–135.

[2] Brandtzaeg P B, Lü ders M. Time Collapse in Social Media: Extending the Context Collapse[J]. Social Media + Society, 2018, 4(1): 205630511876334.

[3] Craig T, Ludloff M E. Privacy and Big Data: The Players, Regulators, and Stakeholders[M]. New York: Oreilly Media, 2011: 22.

[4] Davis J L, Jurgenson N. Context collapse: Theorizing context collusions and collisions[J]. Information Communication & Society, 2014, 17(4): 476–485.

[5] Goffman E. The presentation of self in everyday life[M]. Garden City, N.Y.: Doubleday, 1959: 8.

[6] Jia H, Xu H. Autonomous and Interdependent: Collaborative Privacy Management on Social Networking Sites[C]//The 2016 CHI Conference. ACM, 2016.

[7] Loh J M I, Walsh M J. Social Media Context Collapse: The Consequential Differences Between Context Collusion Versus Context Collision[J]. Social Media + Society, 2021, 7(3): 205630512110416.

[8] Marwick A E, Boyd D. I Tweet Honestly, I Tweet Passionately: Twitter Users, Context Collapse, and the Imagined Audience[J]. New Media & Society, 2011, 13(1): 114–133.

[9] Meyrowitz J. No sense of place: The impact of electronic media on social behavior [M]. New York: Oxford University Press, 1985: 35–51.

[10] Petronio S. Boundaries of Privacy: Dialectics of Disclosure[M]. New York: Suny press, 2002: 56.

[11] Warren S D, Brandeis L D. The Right to Privacy[J]. Harvard Law

Review, 1890, 4(5): 193–220.

[12] 陈昌凤，虞鑫 . 大数据时代的个人隐私保护问题 [J]. 新闻与写作，2014（06）：44–46.

[13] 顾理平，杨苗 . 个人隐私数据"二次使用"中的边界 [J]. 新闻与传播研究，2016，23（09）：75–86+128.

[14] 胡泳，年欣 . 中国数字化生存的加速与升级 [J]. 新闻与写作，2020（12）：5–13.

[15] 胡壮麟 . 语境研究的多元化 [J]. 外语教学与研究，2002（03）：161–166+239.

[16] 季为民 . 以程序与专业理念解析传媒伦理 [J]. 国际新闻界，2006（04）：51–55+68.

[17] 彭兰 . 假象、算法囚徒与权利让渡：数据与算法时代的新风险 [J]. 西北师大学报（社会科学版），2018，55（05）：20–29.

[18] 彭兰 . 智能时代的新内容革命 [J]. 国际新闻界，2018，40（06）：88–109.

[19] 彭训文 . APP 收集个人隐私的边界在哪里 [J]. 中国报业，2019（15）：108.

[20] 谭天，张子俊 . 我国社交媒体的现状、发展与趋势 [J]. 编辑之友，2017（01）：20–25.

[21] 严三九，袁帆 . 局内的外人：新闻传播领域算法工程师的伦理责任考察 [J]. 现代传播（中国传媒大学学报），2019，41（09）：1–5+12.

[22] 殷俊，冯夏楠 . 论微信朋友圈中的传播隐私管理 [J]. 新闻界，2015（23）：50–53.

[23] 喻国明 . 内容生产的供给侧与需求侧：趋势与变化 [J]. 新闻与写作，2018（11）：53–56.

[24] 张梦霞，桂万保 . 社交媒体用户隐私边界的失控与调适 [J]. 青年记者，2020（15）：37–38.

第五章

情绪反应与隐私行为

　　情绪反应是人类在面临风险时的一种自然反应。如同面对所有风险一样，人们面对隐私风险时自然而然地会产生情绪反应，或是愤怒，或是害怕。不管是有意识的还是无意识的，情绪时常支配人类的行为，帮助人类做出有助于自身的选择，所谓"恐惧是生物的本能，勇气是人类的赞歌"，不外如是。由此，将隐私管理视为一个完全理性的决策过程是不够的，情绪的角色在隐私研究领域目前被极大地忽视。本章旨在通过情绪功能主义这一理论视角，探析情绪在隐私风险评估和隐私管理决策过程中发挥的重要作用。

第一节　情绪的概念与功能

一、人类的情绪

　　情绪是人类与生俱来的心理和生理反应，是由神经生理变化引起的身体和精神状态，与思想、感觉、行为反应以及愉悦或不愉悦的程度有关。情绪可粗略分为基本情绪和复杂情绪两大类。基本情绪是先天的，与生俱来的，人类共通的，常见的基本情绪有快乐、恐惧、愤怒、悲伤、厌恶、惊奇等，这些基本情绪甚至一些动物都能够表现出来（Ekman, 1999）；所谓复杂情绪则是后天而来，在人类社会化过程中形成的，常常因道德因素而产生，如后悔、愧疚、激动、惊喜，甚至怀旧等都属于复杂情绪。

　　关于人类有多少种情绪，尚无定论，研究者根据不同的分类，认为人类有十几种情绪。2017 年，加州大学伯克利分校的研究人员邀请了 853 名参与者对 2185 部短片中的情绪表达进行识别和认定，最后发现有 33 种情绪能够在参与者中达成共识，包括：钦佩、崇拜、审美欣赏、娱乐、愤怒、焦虑、敬畏、尴尬、无聊厌倦、镇定、困惑、轻蔑鄙视、渴望、失望厌恶、同情移情、痛苦、进取、兴奋、妒忌、刺激、恐惧、惊栗、内疚、喜悦快乐、怀旧、胜利、骄傲、解脱、浪漫、悲伤、满足、性欲、惊喜（Cowen & Keltner, 2017）。不过，该研究的参与人员所指出的一些情绪，实际上并非情绪本身，亦不同于复杂情绪，而是夹杂了认知与情绪等多重因素的混合状态（如镇定、困惑、崇拜等）。

也有学者认为，不同的情绪无法完全割裂，而是在同一光谱上递增、递减直至极化。最为知名的是德国心理学家罗伯特·普鲁契克（Robert Plutchik）构建的"情绪轮盘"（Wheel of Emotions）。普鲁契克认为高兴、信任、恐惧、惊讶、悲伤、厌恶、愤怒和期待这八种基本情绪本质上是四个情绪光谱的两极——高兴与悲伤相反，愤怒与恐惧相反，信任与厌恶相反，期待与惊讶相反（Plutchik, 1980）。如图 5.1 所示，"情绪轮盘"显示出，情绪程度递增和递减（如高兴递增为狂喜，递减则为平静）；情绪极化到一定程度会向着其相反的情绪发展；表现程度极端的情绪之间无法相互复合，而程度适当的两种相邻的情绪可以混合为某种复杂情绪——如高兴和信任会产生爱，信任和恐惧会产生谦恭，愤怒和厌恶混合则产生蔑视，等等。诚然，这种区分情绪状态的方式不免落入"排列组合式"的机械化陷阱，但普鲁契克对不同情绪复合的洞察拓展了我们对于人类情绪的认识。

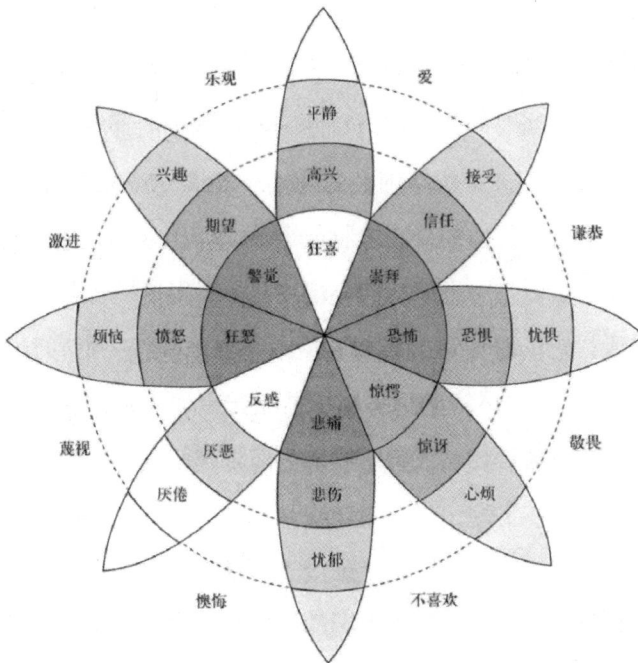

图 5.1　普鲁契克提出的"情绪轮盘"（Plutchik, 1980）

以进化的视角而言，不适合或者不利于人类发展的基因会随着进化过程而消失。正因如此，达尔文在 1872 年出版的《人与动物的感情表达》中肯定了情绪在进化中的作用，他提出情绪不仅帮助人类也帮助动物们适应环境以及表达身体。尽管负面情绪会使人心理不快，但这些仍然在进化过程中保留下来，即表明此类情绪和正面情绪一样，对于人类的行动而言具有决定性意义。情绪在很大程度上决定了人类的生存与进化，害怕了就会逃跑，这使原始人类懂得逃避和躲藏；生气了就会攻击，这意味着愤怒情绪会帮助原始人类抵御进犯，以保存或者获得生存资源；高兴了就会打闹，这表明积极情绪对于人的社会属性以及群落关系的形成至关重要。

　　不论在实际生活还是在学术研究中，人们总是对于情绪的界定不够清晰，特别是容易将情绪（Emotion）与情感（Feeling、Sentiment）或心情（Mood）混用。需要注意的是，"情感"一词指向较为宽泛，且仅针对正向和负向两种效价进行了区分，例如早期的计算机语义分析中常用的情感分析法，即是通过计算机技术对语言表达的正向、中立、负向态度进行识别与分类。这是受当时的技术和语料库限制，如今的计算机语义分析早已能够实现更为细致的关于情绪词类的判别。心情（Mood）的状态更持久，往往不指向特定的、具体的外在事物或事件，而是处于一种不断摇摆的状态，比如心情起伏不定，再如抑郁心情往往持续得比较长久。

本书中所讨论的"情绪"是指"情绪本身"，是一种暂时性的具有效价结构的情感状态，"情绪本身"与心情相比更加短暂，具有特定的表征对象和内容，并伴随着行动或行动倾向。所谓情绪的意向性是指，情绪是指向外部发生的具体事物，当人们认为某些外在事件正在发生或可能发生时，就会产生各种各样的情绪，这是由于外部事件的发生影响了人们思考和评价事情的态度，由此而产生不同的情绪。例如，酷暑当中的一场雨对于很多人而言是一件高兴的事儿，但对于打算出门的人而言则相对沮丧。所谓情绪的行动倾向则意味着，情绪产生之后会引起相应的行为，人们希望通过一定的行为来改变正在发生的事情。

综上，情绪的显著特征包括：暂时性、效价、意向特征和驱动特征。以典型的负向情绪生气为例，人们生气的时间往往并不持续很久，并具有明显的指向性（因某人、某件事而生气），生气会导致人们产生相应的外向性甚至攻击性行为（"气得破口大骂""气得想打人"）。

二、情绪的功能

情绪中所蕴含的意向特征和驱动特征使其具有相应的功能性，特别是每种基本情绪都具有明确的动机指向。正因如此，情绪在塑造个体行为中的作用早已被心理学家们所注意到，形成了情绪功能主义的研究视角（Frijda, 1986; Nabi, 2002; Roseman et al., 1994）。情绪功能主义囊括了两个脉络的理论体系，一是认知评估理论（Cognitive Appraisal Theory），探讨情绪生成的认知和心理因素；二是评估倾向或者应对理论（Coping Theory），观照情绪所引起的适应性或一致性行为。

情绪的生理反应与神经系统的唤醒密切相关。认知评估理论认为，情绪源于人们对周围环境的感受、解释和评价，因此认知是情绪产生的原因，对于情绪的唤醒至关重要。该理论主张，即使在没有生理唤醒的情况下，人们在评估了发生的现象之后也会感受到相应的情绪变化。换言之，当某种评价性推理或判断触发某种情感状态或生理变化、感受时，就会产生情绪。这解释了情绪产生和发展的顺序：事件出现→个体思考→生理唤醒→情绪反应。认知评估理论能够解释对同一事件的情绪反应的个体差异，这是由于决定人们是否会感受到某种情绪以及会是哪种情绪的是对事件的评价和解释，而非事件本身，因此，处于相同情境的人会体验到不同的甚至相互冲突的情绪。同样是第一次约会，如果约会的过程和交流是积极的，那么这个人可能会感到快乐、兴奋或期待，因为这次约会可能会产生积极的长期影响，即开始一段新的关系；而如果约会的对方可能在这个过程中感受并不美好，那么就会因此产生沮丧、悲伤、空虚或恐惧等情绪（Scherer et al., 2001）。

既然情绪是由人们的认知产生的，那么情绪势必会带来相应的行动准备或者行动倾向。评估倾向理论（Appraisal Tendency Theory）主张，每种情绪都蕴含着某种行动倾向，这种行动倾向与个体想要完成的目标状态相关，因此，情绪中的行动倾向决定了人们会实施与动机相一致的应对策略（Frijda, 1986）。该理论承袭认知评估理论认为，人们采取的最终行动是基于情境或者事件而非基于情绪类型做出的反应。例如，通常情况下，人们高兴了便手舞足蹈，感到害怕则会退缩，但有时人们可能什么都不做（如身处公众场合时）。

上述两个脉络的理论构筑了情绪功能主义的视角。该理论视角之下，每种情绪都是由不同的归因或者认知评价引起，都嵌入了不同的行动倾向或者行动准备，能够激发个体的认知和身体活动。情绪的核心是行动准备，不同情绪能够触发个体采取功能性不同的行动准备，所以尽管情绪是短暂的，但它可以导致相应的行为（Nabi, 2002）。

第二节　隐私风险与情绪

一、从风险感知到离散情绪

隐私，或者说隐私管理，本身即蕴含着风险管理的内核。隐私研究往往将隐私关切和隐私行为作为自变量和因变量，考察二者之间的路径或者机制。学界的多数研究还是将这种动机与行为的关系视为相对理性的过程，但与风险相关的认知评估和对于行为决策的影响，显然会涉及情绪的发生。关于环境、健康等方面的研究已经关注到了人们因风险因素而产生的情绪，如健康传播研究中最常见的恐惧诉求研究。实际生活中，人们在使用社交媒体或者各类智能设备的时候亦会产生诸多关于隐私风险的担忧，或者人们在见到相关的隐私风险泄露的新闻时，同样会产生相应的情绪，这正是因为人们对相应的风险情境进行了思考，继而会采取相应的行为。当我们在朋友圈发布的内容被人截图，生气是自然的反应，接下来我们会删掉自己的内容，并且会去质问截图者。当我们看到新闻上某平台用户的消费记录被大规模泄露，一样害怕自己在这个平台或者其他平台的消费记录是否会被泄露，因此可能会尽量避免使用此类平台。

隐私关切或者隐私忧虑本身即隐含着某种情绪上的反应。不少研究已经注意到，社交媒体用户在发布信息或面临隐私风险时会经历不同类型的情绪（Shklovski et al., 2014; Youn, 2005）。例如，美国一项针对社交媒体用户的调查发现，当人们意识到隐私泄露是由自己造成的时候，他们会感觉到后悔；当侵犯隐私的行为来自服务提供商、企业、政府，或者是自己的朋友的时候，用户会感觉到"毛骨悚然"（Creepy）（Madden et al., 2013）。社交媒体的"你认识的人"这一功能也给用户带来了情绪上的影响，尤其是一些社交媒体平台（如 Facebook）自动将学生们的老师或者家长连接到他们的社交网络时，学生们会感到沮丧。社交媒体的信息流也会给社交媒体用户带来情绪困扰，当用户意识到自己对于信息流推荐的内容控制力不足的时候，他们便觉得沮丧（Wisniewski et al., 2012）。再比如，当人们不了解个人信息如何被其他人或者平台使用的时候，或者不清楚自己披露了个人信息之后可能会导致什么后果的时候，人们也不明确披露信息的可能后果是什么，便会表现出恐惧感（Acquisti et al., 2015）。显然，隐私风险或者隐私泄露所引起的情绪多是负向的或是消极的，这是由于风险本身就指向人类行为动机不一致的事件。

在隐私研究中，如何对这些负面情绪反应进行分类或者区分呢？尽管学界对于情绪分类的方法多种多样，但在情绪功能主义的理论视角下，情绪心理学家 Roseman（1984）勾勒出解读情绪构成的模型，该分类方法所识别的情绪被称为"离散情绪"（Discrete Emotions）。在离散情绪模型中，每种情绪的内核是离散的、独立的，而不是相互关联和连续的，因此其表征也是离散的，不同的情绪与特定的评价模式、体验内容、行动倾向和行为后果相关。

如图 5.2 所示，情绪的产生源于人们对自身与环境关系关键方面的多维度评估。这些维度包括：（a）效价：事件是否符合目标或者预期，决定了事件是愉快的还是不愉快的；（b）确定性：正在发生的事件的走向是确定的还是不确定的；（c）归因性：事件是由个人自身、环境还是他人所造成的；（d）可控性：事件及其后果的可控程度（Roseman, 1984）。这些认知评估的不同组合会引发不同的情绪，从而产生相应的行为。以愤怒来看，当某个负面事件（如隐私泄露）被个体评估为确定的、可控的、由特定的他人引起时，就会引发愤怒情绪，愤怒具有攻击和责备的导向，会驱使个体采取惩罚措施（如责骂特定的他人）来解决这种情况。

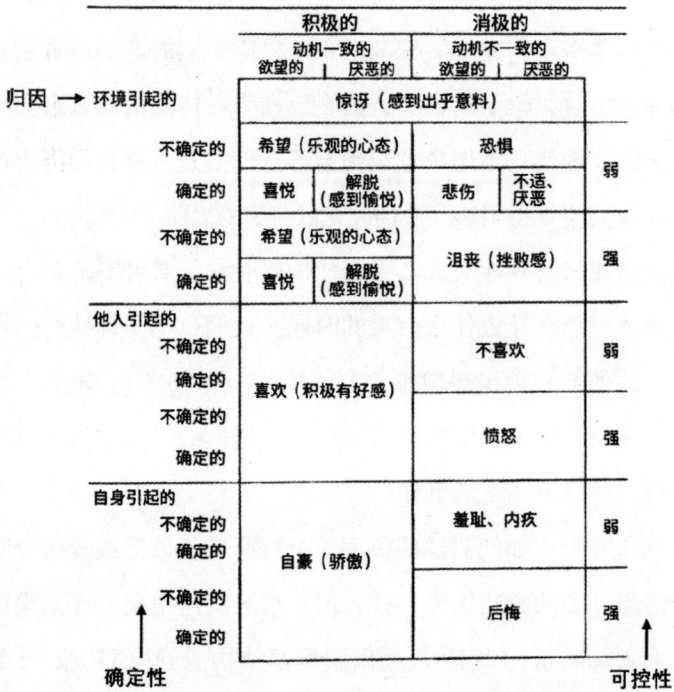

	积极的		消极的		
	动机一致的		动机不一致的		
归因 → 环境引起的	欲望的	厌恶的	欲望的	厌恶的	
	惊讶（感到出乎意料）				
不确定的	希望（乐观的心态）		恐惧		弱
确定的	喜悦	解脱（感到愉悦）	悲伤	不适、厌恶	
不确定的	希望（乐观的心态）		沮丧（挫败感）		强
确定的	喜悦	解脱（感到愉悦）			
他人引起的					
不确定的			不喜欢		弱
确定的	喜欢（积极有好感）				
不确定的			愤怒		强
确定的					
自身引起的					
不确定的			羞耻、内疚		弱
确定的	自豪（骄傲）				
不确定的			后悔		强
确定的					

确定性　　　　　　　　　　　　　　　　　　　可控性

图 5.2　功能主义视角下的离散情绪模型（Roseman, 1984）

离散情绪模型对于分析社交媒体用户隐私行为具有借鉴意义。从理论层面来看，该模型因袭情绪功能主义视角，能够帮助研究者厘清隐私风险评估和隐私管理行为之间的情绪作用机制；从操作层面来看，该模型对诸多情绪进行了较为清晰明确的划分，方便研究者阐释和测量不同情绪的作用，并提出更有针对性的建议。

二、情绪、效能与隐私行为

社交媒体用户的隐私行为并不完全理性。早在 2004 年，就有学者发现人们并不会为隐私保护付出过多的精力，反而会因为短期的收益刺激而让渡相应的信息，例如对于优惠券、个性化服务等即时利益的青睐，会使得人们忽略隐私风险（Acquisti, 2004）。这些研究实际上在隐私研究领域挑战了"理性人假说"。在传播学的经典理论中，不论是详尽可能模型（Elaboration Likelihood Model）还是启发—系统式模型（Heuristic-Systematic Model）都明确地提到个人决策过程中启发式认知机制的作用，即个人做决策时采用以简单化思考处理复杂问题的认知方式。行为经济学家早已指出，人们基于风险情况做出的决策从不是绝对理性趋势的，最典型表现即为"风险厌恶"：人们在面对不确定性的时候，更倾向于做出较为保险同时仅具有较低期望收益的决策（Kahneman & Tversky, 2013）。不确定性所引起的焦虑、害怕等情绪削弱了人们的理性决策能力，影响人们决策过程的情绪导致了"风险即感知"（Risk as Feelings）的现象（Hsee et al., 2001）。

既然隐私风险和隐私关切能够引发相应的情绪反应，那么这些情绪反应也会激发一定的隐私行为。隐私研究领域的学者发现，社交媒体用户在发帖后不久就会因为无法预见的后果或对功能的误解而后悔，随后采取一系列隐私行为进行干预，包括调整隐私设置、进行自我审查、清理发布的信息等（Wang et al., 2011）；恐惧等负面情绪会降低感知到的隐私保护信念，从而对信息披露产生负面影响，例如对陌生网站的恐惧导致人们不愿意在这些网站上分享内容。与此相反，积极或者正面的情绪则会激发人们披露信息的欲望，例如对于网站设计的喜爱或者信任会降低人们的风险敏感性，使得人们乐意在该网站上进行信息分享（Li et al., 2011）。

按照功能主义的视角，情绪的产生源于人从多个面向对环境或者事件进行评估，其中一个面向是个人的控制力，即个人应对情境的能力是决定后续情绪反应的一个重要维度。自我效能（Self-Efficacy）这一概念描述了一个人对自己在应对特定事件时的能力和认知资源的感知或信念（Bandura,1997）。自我效能感可以影响个人愿意付出的努力、面对困难的毅力以及面对失败的韧性。显然，自我效能可以直接对行为产生影响。研究者认为，隐私自我效能感反映了人们对自己的隐私保护行为能力的信心（Rifon et al., 2005; Youn, 2010）。隐私自我效能感较高的用户会认为自己有足够的资源和技能来应对隐私威胁，促进其采取隐私行为的动机（Cho & Filippova, 2016; Yao et al., 2014）。

由于自我效能反映了一个人如何看待自己的能力，因此可以影响人们对情况的解释，进一步影响被激发的情绪的强度。由此，具有较高自我效能感的人会更少表现出恐惧、焦虑等情绪（Hastings & Brown, 2002）。目前的研究者们主要关注自我效能和健康行为的关系。例如，有学者发现高风险感知与低自我效能感相结合会促进个体更积极地寻求健康信息（Rimal & Real, 2010），随后的研究则进一步表明，与其说风险感知本身，不如说由感知风险引起的焦虑才是低效能个体积极寻求信息的动机（Turner et al., 2010），以及结合了高自我效能感的高负面情绪反应同样也会引发健康信息的寻求行为（Lee et al., 2008）。关于情绪、自我效能和隐私行为之间的实证研究尚不充分。依照上述结论可以推论，用户在社交媒体上面临隐私风险之时，负面情绪可能会导致他们采取相应的保护行为，不过这取决于用户自身的效能感如何，较低自我效能感的用户并不会采取适应情况的行为，而较高效能感的用户则可能在负面情绪的驱使下积极地利用各种手段来帮助他们应对隐私风险。

第三节　隐私管理中情绪的介导作用

基于本章前面几节的论述，可以发现情绪和自我效能能够影响人们在社交媒体上的隐私行为，因此，本节将在此基础上提出以情绪为介导机制的隐私管理框架，并通过相应的实证数据对其进行验证。

一、研究框架

本书前序章节已经通过调节定向理论和隐私计算模型来阐明隐私关切对保护行为的影响机制，该机制主要从理性的角度解释了人们的隐私行为，将人们的决策过程置于"收益—损失"框架之下进行理解。但在面对风险时，人们的行为决策过程并不是纯粹理性的，情绪也起着重要作用（Cosmides & Tooby, 2000; Loewenstein & Lerner, 2003）。

本部分基于情绪功能主义，从认知、情绪和行为三个层面构建研究框架，考察社交媒体用户隐私行为的发生过程。参考前文，本部分引入"隐私关切"作为认知因子。情绪层面，本部分聚焦于沮丧、后悔和恐惧三种负面情绪，一方面因为它们在离散情绪模型的多个维度上代表了不同类型的情绪，另一方面则因为这些情绪已被确定为隐私情境中的典型负面情绪。行为层面则仍以隐私行为发生的时序来区分隐私行为或者说隐私管理策略，包括预防策略、自我审视策略和补救策略。

认知层面，"隐私关切"描述了用户对潜在隐私侵犯的担忧倾向（Smith et al., 1996），它通常被视为"信念"、"态度"或"看法"（Xu et al., 2011）。隐私关切不仅反映了用户感知到的隐私威胁、不确定性以及他们对隐私实践的认识，还反映了结果和受众预期的不一致，即感知到的风险情况威胁到安全和 / 或愉快地使用社交媒体的目标（Malhotra et al., 2004）。因此，当面临隐私风险时，隐私关切会引发用户的负面情绪。事实上，对隐私的关注也会让用户关注风险，并评估他们应对这种情况的能力，从而影响情绪反应的强度。故而，隐私关切可以被视为一个人对隐私威胁的感受的起点。一个人的情绪反应主要受其认知上的关注度的影响，因此，较高水平的隐私关切会引发较为强烈的情绪反应，反之亦成立。

行为层面，预防策略是对预防性隐私设置的使用。它体现在调整平台的默认隐私设置，给好友分组等，以规范观众对其个人资料的访问。自我审视策略是用户在发布内容的时候，会仔细考虑内容的适当性，用户决定谁可以看到即将发布的帖子，或通过哪个渠道分享帖子（Cho & Filippova, 2016）。补救策略是隐私信息泄露后的补救纠正行为，包括删除不恰当的评论或在不喜欢的合照上取消自己的标签等（Madden & Smith, 2010）。

情绪层面，本部分的实证研究主要考察沮丧、后悔和恐惧三种情绪。从离散情绪模型来看，沮丧情绪是个人将问题的发生归因于外部，并感到自己有足够的力量来处理该情况。沮丧情绪能够促使个人通过有力的行动克服感知到的障碍（Roseman, 1984）。后悔则表现为个人将责任归咎于自己，以此产生纠正自己的错误的行动准备（Roseman et al., 1990）。害怕或者恐惧是与不确定性相关的情绪，当个人不明确问题发生的具体原因，亦不清楚自己能否控制该情况时，恐惧就会被激发，继而产生远离这种情境的行动准备（Roseman et al., 1990）。显然，沮丧和后悔都是以责备为导向的情绪，因为个人可以责备他人、环境或自己（Gelbrich, 2010）；而恐惧则常被视为不确定性情绪（Yi & Baumgartner, 2004）。

根据情绪功能主义相关理论（Frijda, 1986、1994），情绪可以在认知关注的影响下促进一致性行为，并导致行为反应。因此，人们在面对或考虑隐私风险时，隐私关切首先会影响用户的情绪反应，而情绪的行动准备会产生进一步的保护行为。换句话说，负面情绪反应（即沮丧、后悔和恐惧）作为中介因子承担了隐私关切对隐私管理行为的影响机制。综上，研究者提出以下假设：

假设1：隐私关切正向影响社交媒体用户采用：a）预防策略；b）自我审视策略；c）补救策略。

假设2：隐私关切对预防策略的影响由a）沮丧、b）后悔、c）恐惧等情绪中介。

假设3：隐私关切对自我审视策略的影响由a）沮丧、b）后悔、c）恐惧等情绪中介。

假设 4：隐私关切对补救策略的影响由 a）沮丧、b）后悔、c）恐惧等情绪中介。

鉴于自我效能感影响了人们对自身能力的评估，从而会影响人们的情绪反应，以及实施隐私行为的方式。尽管隐私关切与负面情绪呈正相关，但隐私效能可能会负向调节隐私关切对情绪反应的相对影响，较高的效能感会减轻隐私关切的影响，而较低的效能感会加强隐私关切对负面情绪的影响。高自我效能结合负面情绪将促进隐私管理策略的实施，而低自我效能结合负面情绪则将阻碍隐私管理策略的实施。研究者进一步提出以下假设：

假设 5：隐私效能负向调节隐私关切对 a）沮丧、b）后悔、c）恐惧等情绪的影响。

假设 6：隐私效能正向调节沮丧对 a）预防、b）自我审视、c）补救策略使用的影响。

假设 7：隐私效能正向调节后悔对 a）预防、b）自我审视、c）补救策略使用的影响。

假设 8：隐私效能正向调节恐惧对 a）预防、b）自我审视、c）补救策略使用的影响。

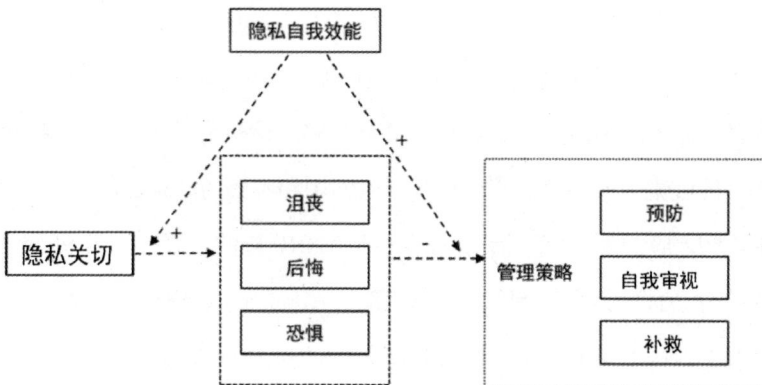

图 5.3　隐私管理行为的情绪介导机制框架

该模型指出隐私关切将引起用户对隐私管理策略的使用，但二者之间的机制是由负面情绪反应（沮丧、后悔、恐惧）所中介的，即隐私关切首先激活情绪反应，而情绪会影响隐私管理策略的使用；同时，从隐私关切到负面情绪，以及从负面情绪到隐私管理策略中的中介过程存在隐私效能的调节效应。

二、研究方法

1. 数据收集

研究者通过 Qualtrics 进行了一项线上问卷调查，收集了 660 名活跃的北美社交媒体用户的数据。调查问卷的设计重点是社交媒体使用情况、隐私感知和保护行为，以及情绪反应。根据年龄和性别进行配额抽样，删除 55 个不可靠的回复后，605 名参与者的回复进入了最终的数据分析。在这605 名参与者中，271 名为男性（44.8%），334 名为女性（55.2%）；平均年龄为 40.59 岁（SD=15.87）。

2. 数据测量

所有变量的测量均基于李克特七级量表，大多数测量均采用预先验证的量表。使用克朗巴哈系数检查内部一致性，所有测量结果均被视为可靠（$\alpha > 0.70$）。

隐私关切。研究者通过五个题项（$\alpha = 0.92$）测量隐私关切，该量表借鉴了经典的"信息隐私关注"（Smith et al., 1996）。该量表反映了隐私关切的三个方面，即收集个人信息、未经授权二次使用和不当访问存储的个人信息。

情绪反应。研究者借用 Gelbrich（2010）的三项量表测量沮丧（$\alpha=0.93$）；后悔是用两个项目来衡量的（Abraham & Sheeran,2003）；恐惧（$\alpha=0.92$）改编自 Champion 等人的研究（Champion et al., 2004）。

隐私管理策略。预防策略通过三个项目进行测量（$\alpha=0.94$），基于当前社交媒体的隐私设置功能而创制。自我审视策略由三个项目（$\alpha=0.75$）

衡量，而补救策略由两个项目（*α*=0.86）衡量。这两个隐私管理策略量表同样改编自前人的研究（Cho & Filippova, 2016）。

隐私自我效能感。隐私自我效能感通过四个题项进行评估，借鉴于前人研究（Lampe et al., 2011）。

三、研究发现

研究者使用 IBM SPSS Statistics 24 和 PROCESS macro 2.16 插件对数据进行了分析。结果首先表明，隐私关切对预防策略（*β*=0.085, p<0.01）、自我审视策略（*β*=0.192, p<0.001）以及补救策略（*β*=0.138, p<0.001）有显著影响。因此，假设 1a–c 得到了充分支持。

1. 情绪的中介效应

研究者使用 PROCESS 中的模型 4 检验情绪的中介效应（Hayes, 2013）。结果发现，假设 2 和假设 3 得到部分支持（即假设 2a、假设 2b 和假设 3a、假设 3b），但假设 4 被拒绝。这意味着，沮丧感和后悔感完全中介了从隐私关切到预防策略的关联，但部分中介了对自我审视策略的影响。恐惧没有起到任何中介作用，补救策略不受情绪的影响。

具体来看，对预防策略而言（假设 2），如图 5.4 所示，沮丧（*β* 间接 =0.039, 95% C.I. =0.004–0.082）和后悔（*β* 间接 =0.032, 95% C.I.=0.004–0.063）的中介效应都是显著的，而恐惧的中介效应（*β* 间接 =-0.014, 95% C.I. =-0.047–0.016）不显著。

对于自我审视策略而言（假设 3），如图 5.5 所示，沮丧（*β* 间接 =0.037, 95% C.I.=0.001–0.080）和后悔（H3b）（*β* 间接 =0.032, 95% C.I.=0.012–0.059）显著，但恐惧的中介效应（β 间接 =-0.009, 95% C.I.=-0.010–0.036）不显著。

对于补救策略而言（假设 4），如图 5.6 所示，所有情绪的中介效应均不显著，包括沮丧（*β* 间接 =0.011, 95% C.I.=-0.021–0.047），后悔（*β* 间接 =0.016, 95%C.I.=-0.004–0.041），以及恐惧（*β* 间接 =-0.005, 95%

C.I.=−0.039−0.029）。

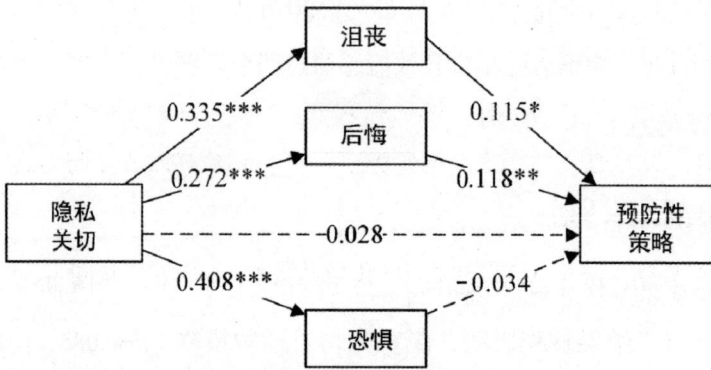

图 5.4　情绪在预防策略中的中介效应

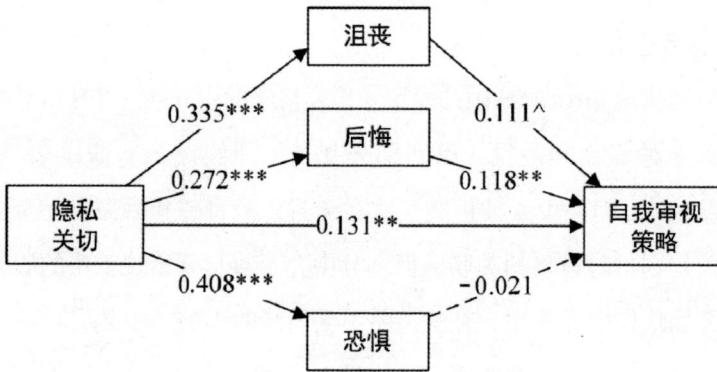

图 5.5　情绪在自我审视策略中的中介效应

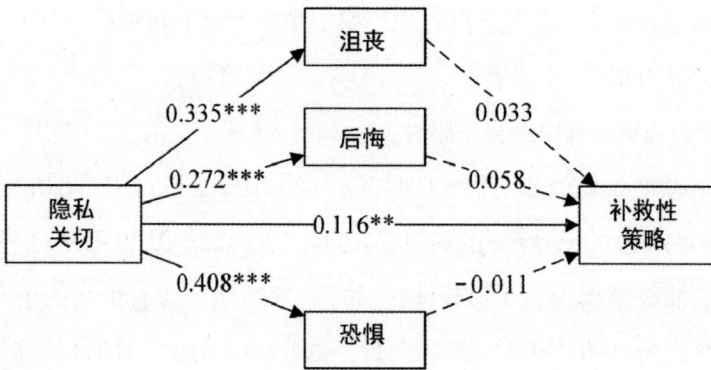

图 5.6　情绪在补救策略中的中介效应

2. 自我效能的调节效应

研究者使用 PROCESS 中的模型 58 检验自我效能的调节效应（Hayes, 2013）。就隐私效能的调节效应而言，只有研究假设 5 得到支持，假设 6 到假设 8 被拒绝。这意味着，隐私效能与隐私关切共同作用于影响人们的情绪反应，但只有在预防策略的实施上，隐私的自我效能才与沮丧情绪产生相互作用。

具体来看，隐私关切与隐私自我效能感负向作用，共同影响三种情绪：沮丧（β=–0.097，p<0.01）、后悔（β=–0.101，p<0.01）和恐惧（β=–0.086，p<0.01）。这表明，低隐私效能放大了隐私关切对情绪的影响，而高隐私效能削弱了隐私关切的影响。

对于沮丧情绪，当效能处于低水平（–1SD）时，隐私关切的影响（β=0.520，p<0.001）强于隐私效能处于平均水平（β=0.380，p<0.001）以及处于高水平状态（+1SD）（β=0.280，p<0.001）。

对于后悔情绪，当效能处于低水平（–1SD）时，隐私关切的影响最高（β=0.494，p<0.001）；当效能处于平均水平时，影响下降了一些（β=0.349，p<0.001）；而在高效能水平（+1SD）时，影响（β=0.203，p<0.001）下降得更多。

对于恐惧情绪，当效能处于低水平（–1SD）时，隐私关切的影响最高（β=0.568，p<0.001）；当效能处于平均水平时，影响下降了一些（β=0.444，p<0.001）；而在高效能水平（+1SD）时，影响（β=0.320，p<0.001）下降得更多。

对于隐私自我效能感调节负面情绪对隐私管理策略的影响，研究发现，效能消极地缓和了沮丧情绪对预防策略的影响（β=–0.085，p<0.05）。然而，效能感并没有调节情绪对其他两种策略（自我审视和补救）的影响，因为效能感和任何情绪反应之间的交互作用项不显著（p>0.05）。

四、讨论与结论

与第三章的研究发现一致，本部分的实证研究同样发现隐私关切对所有三种形式的策略都有积极的影响。研究发现，情绪的中介效应因隐私策略的类型而异，如早期阶段（即预防性策略）的完全介导，中期阶段（即自我审视策略）的部分介导，而后期阶段（即补救性策略）没有效应。这一发现同样与第三章类似，表明隐私行为是一个多层次、多阶段的复杂决策过程，人们在不同阶段的不同动机或目标会影响隐私的不同方面。

1. 情绪在隐私保护不同阶段的作用

在初始阶段，当用户参与调整隐私设置时，他们的动机主要是保护自己的数据免受入侵或不必要的暴露。信息和潜在受众都没有明确呈现，因此制定特定行为的动机是广泛而抽象的。在这种情况下，虽然隐私关切具有影响力，但直接发起行为的能力较弱。然而，由于行动准备的力量，当潜在的隐私威胁引发情绪（如沮丧、后悔）时，情绪会敦促用户积极调整隐私设置。进入使用阶段（第二阶段：自我审视策略）和事后阶段（第三阶段：补救性策略），隐私风险被认为是相对更即时和更具体的。例如，用户在发帖时可以明确预见个人信息泄露的后果；此外，在事后阶段，他们需要解决已发生的个人信息丢失，即真正的威胁，而不是预期的威胁。在这两个阶段，用户都会像往常一样经历强烈的情绪反应，但只有在第二阶段，情绪才能部分地调节隐私关切的效果。

在使用阶段，用户的动机变得复杂而明确，即通过一系列行为适当调节信息和人际边界（Wisniewski et al., 2012）。自我审视策略变成了平衡信息披露和信息控制的措施，因为人们需要仔细考虑信息、受众和渠道。这一措施可以立即满足用户保护个人信息的动机。此外，隐私关切引发的情绪反应仍然会对行为产生影响，当考虑到不良结果时，比如一篇帖子被暴露在不想被看到的观众面前，用户会感到沮丧，因此行动倾向会自发地将他们转向审视相关内容。值得注意的是，本书第三章指出，补救性策略不仅是修复自我造成的问题，也有由朋友造成的问题，因此它是一个协商过程或者是协作管理（Cho & Filippova, 2016; Ellison et al., 2011）。例如，删除自己发表的评论会引起朋友的怀疑。由此，情绪不能自动引导隐私行为，情绪中的行动准备可能会被"不损害关系维持的动机"所抑制。

2. 离散情绪的功能性

研究结果表明，离散情绪在隐私保护过程中发挥着不同的作用。离散情绪与隐私关切呈正相关，用户对隐私风险的关注会强烈引发情绪反应。然而，这些情绪反应是否会导致进一步的行为反应取决于行动准备程度。沮丧和后悔都是以责备为导向的情绪（Frijda, 1986; Roseman, 1984），尽管这两种情绪使用户将隐私风险的原因归于不同的来源（外部和自我），但它们所包含的行动准备是相似的，即积极采取措施解决问题。因此，当用户担心自己的隐私时，沮丧和后悔会促使他们采取保护行为（预防和检查）。鉴于后悔是为了纠正自己的错误，它也会影响自我审视，因为担忧会让用户对以前的问题感到后悔，然后促使他们积极采取审查措施（Wang et al., 2011）。

与研究假设预测的相反，恐惧并不能触发任何隐私管理策略。根据情绪功能主义的观点，恐惧反映了用户对风险的不确定性，恐惧中的行动准备是为了避免这种情况（Roseman et al., 1994），因此不会激发积极的行动。换句话说，对可能的风险不确定并且不知道如何处理风险的用户会感到恐惧，因此尽管他们的隐私关切程度很高，但他们不知道如何解决问题。相反，其他情绪（如沮丧、后悔）或担忧本身会激发保护措施。

隐私效能感有助于用户在应对潜在隐私风险时调节负面情绪，即使他们高度关注风险情况，自我效能水平高的用户也不会太沮丧、后悔或害怕；然而，隐私效能水平较低的用户在面对或思考风险时会表现得更加情绪化。研究结果证实，在隐私环境中，效能感可以指导用户的行为（Cho,

2010; Youn, 2005）。

在隐私管理策略（特别是预防策略）上，沮丧情绪和自我效能感会发生交互效应，具体表现为隐私效能消极地调节了挫折对预防策略的影响。这是因为应对沮丧情绪的行动准备是为了克服障碍或解决问题（Roseman, 1996），这是进一步行动的强大动力。在预防阶段，隐私威胁是模糊的，低效能用户不太可能预见到特定的结果，因此他们的行为更可能是由情绪驱动的。对于具有高隐私效能的用户，他们对潜在结果更为了解，并了解如何相应地应对这些风险，因此他们受效能感——而非情绪——的驱使更强。

五、小结

本部分研究的局限性表现在：首先，数据是通过横断面调查收集的，因此很难明确地建立因果关系，不过研究的论点建立在一系列成熟的理论和以前的文献基础上，因此不能因该局限性而抵消本章的研究主张；其次，隐私管理策略的划分相对主观，尽管我们认为时间维度符合用户的正常使用模式，但这些策略并非完全按照时间顺序发生的；最后，由于问卷长度限制，所考察的情绪类型较为有限。

本章通过对605名社交媒体用户的实证数据进行分析，考察了隐私关切在不同使用阶段对隐私管理策略的主要影响；从情绪功能主义视角揭示了这一过程的机制，呈现了情绪在人类隐私行为中的介导作用，并揭示了隐私效能对情绪中介效应的影响。具体而言，沮丧和后悔完全中介了隐私关切对预防性策略的影响，部分中介了对自我审视策略的影响，但没有中介对补救性策略的影响，恐惧情绪没有起到任何中介作用。同时，隐私效能会降低人们的情绪反应，并且减轻沮丧感对预防性策略的影响。

这些发现表明了情绪反应在隐私决策中的重要性，尤其是以责备为导向的情感（即沮丧和后悔）。在早期和中期阶段，情绪可以介导用户对后续保护行为的关注，但在事后的补救阶段则不会发挥效用。此外，隐私效能设置了一个边界条件，消极地调节认知对情绪和行为反应的影响。因此，有必要将情绪和情感因素纳入隐私研究当中，从功能主义视角探究情绪在隐私保护行为中的作用和机制。

参考文献

[1] Abraham C, Sheeran P. Acting on intentions: The role of anticipated regret[J].British Journal of Social Psychology, 2003, 42(4): 495–511.

[2] Acquisti A. Privacy in Electronic Commerce and the Economics of Immediate Gratification[C]//5th Association for Computing Machinery(ACM) Conference on Electronic Commerce (EC' 04).H. John Heinz III School of Public Policy and Management Carnegie Mellon University, 2004: 21–29.

[3] Acquisti A, Brandimarte L, Loewenstein G. Privacy and human behavior in the age of information[J]. Science, 2015, 347(6221): 509–514.

[4] Bandura A. Self–efficacy: The exercise of control[M].New York: W.H. Freeman, 1997: 604.

[5] Champion V L, Skinner C S, Menon U, et al.. A Breast Cancer Fear Scale: Psychometric Development[J]. Journal of Health Psychology, 2004, 9(6): 753–762.

[6] Cho H. Determinants of Behavioral Responses to Online Privacy: The Effects of Concern, Risk Beliefs, Self–Efficacy, and Communication Sources on Self–Protection Strategies[J]. Journal of Information Privacy and Security, 2010, 6(1): 3–27.

[7] Cho H, Filippova A. Networked Privacy Management in Facebook: A Mixed–Methods and Multinational Study[C]//Proceedings of the 19th ACM Conference on Computer–Supported Cooperative Work & Social Computing. San Francisco California USA: ACM, 2016: 503–514.

[8] Cosmides L, Tooby J. Evolutionary Psychology and the Emotions[J]. Handbook of Emotions, 2000, 2: 91–115.

[9] Cowen A S, Keltner D. Self–report captures 27 distinct categories of

emotion bridged by continuous gradients[J]. Proceedings of the National Academy of Sciences, 2017, 114(38).

[10] Ekman P. "Basic Emotions". In: T. Dalgleish and M. Power (Eds.) [M]//Handbook of Cognition and Emotion. Sussex: John Wiley & Sons Ltd, 1999: 45-60.

[11] Ellison N B, Vitak J, Steinfield C, et al.. Negotiating Privacy Concerns and Social Capital Needs in a Social Media Environment[M]//TREPTE S, REINECKE L. Privacy Online. Berlin, Heidelberg: Springer Berlin Heidelberg, 2011: 19-32.

[12] Frijda N H. The emotions[M]. New York: Cambridge University Press, 1986: 453-480.

[13] Frijda N H. Varieties of affect: Emotions and episodes, moods, and sentiments[M]. New York: Oxford University Press, 1994: 197-202.

[14] Ekman P E, Davidson R J. The nature of emotion: Fundamental questions[M]. New York: Oxford University Press, 1994: 197-202.

[15] Gelbrich K. Anger, frustration, and helplessness after service failure: coping strategies and effective informational support[J]. Journal of the Academy of Marketing Science, 2010, 38(5): 567-585.

[16] Hastings R P, Brown T. Behavioural knowledge, causal beliefs and self-efficacy as predictors of special educators' emotional reactions to challenging behaviours[J]. Journal of Intellectual Disability Research, 2010, 46(Pt 2): 144-150.

[17] Hayes A F. Introduction to mediation, moderation, and conditional process analysis: A regression-based approach[M].New York: Guilford Press, 2013: 393-430.

[18] Loewenstein G F, Weber E U, Hsee C K, et al.. Risk as feelings[J]. Psychological Bulletin, 2001, 127(2): 267-286.

[19] Kahneman D, Tversky A. Prospect theory: An analysis of decision under risk[J]. Handbook of the Fundamentals of Financial Decision Making, 2013: 99–127.

[20] Lampe C, Wohn D Y, Vitak J, et al.. Student use of Facebook for organizing collaborative classroom activities[J]. International Journal of Computer-Supported Collaborative Learning, 2011, 6(3): 329–347.

[21] Lazarus R S. Emotion and adaptation[M]. New York: Oxford University Press, 1991: 60–69.

[22] Lee S Y, Hwang H, Hawkins R, et al.. Interplay of Negative Emotion and Health Self–Efficacy on the Use of Health Information and Its Outcomes[J]. Communication Research, 2008, 35(3): 358–381.

[23] Li H, Sarathy R, Xu H. The role of affect and cognition on online consumers' decision to disclose personal information to unfamiliar online vendors[J]. Decision Support Systems, 2011, 51(3): 434–445.

[24] Loewenstein G, Lerner J S. The role of affect in decision making[M]// Handbook of affective science. New York: Oxford University Press, 2003: 619–642.

[25] Madden M, Lenhart A, Cortesi S, et al.. Teens, social media, and privacy[J]. Pew Research Center, 2013, 21(1055): 2–86.

[26] Madden M, Smith A. Reputation management and social media[J]. Pew Internet & American Life Project, 2010, 26.

[27] Malhotra N K, Kim S S, Agarwal J. Internet Users' Information Privacy Concerns (IUIPC): The Construct, the Scale, and a Causal Model[J]. Information Systems Research, 2004, 15(4): 336–355.

[28] Nabi R L. Discrete emotions and persuasion[M]//Dillard J P, Pfau Michael W. The persuasion handbook: Developments in theory and practice. Thousand Oaks, CA: Sage Publications, 2002: 289–308.

[29] Nabi, Robin L. The theoretical versus the lay meaning of disgust:

Implications for emotion research[J]. Cognition & Emotion, 2002, 16(5): 695–703.

[30] Plutchik R. A general psychoevolutionary theory of emotion[M]//L Camras, R Plutchik, H Kellerman. Emotion: Theory, research and experience, Theories of emotion. New York: Academic Press, 1980,1: 3–33.

[31] Rifon N J, LaRose R, Choi S. Your privacy is sealed: Effects of web privacy seals on trust and personal disclosures[J]. Journal of Consumer Affairs,2005, 39(2):339–362.

[32] Rimal R N, Kevin R. Perceived Risk and Efficacy Beliefs as Motivators of Change[J]. Human Communication Research, 2010(3):370–399.

[33] Roseman I J . Cognitive determinants of emotion: A structural theory[J]. Review of Personality & Social Psychology,1984.

[34] Roseman I J. Appraisal determinants of emotions: Constructing a more accurate and comprehensive theory[J]. Cognition & Emotion, 1996,10(3): 241–278.

[35] Roseman I J, Spindel M S, Jose P E. Appraisals of Emotion–eliciting Events [J]. Journal of Personality and Social Psychology,1990, 59(5): 899–915.

[36] Roseman I J, Wiest C, Swartz T S. Phenomenology, behaviors, and goals differentiate discrete emotions[J]. Journal of Personality and Social Psychology, 1994, 67(2): 206.

[37] Scherer K R, Schorr A, Johnstone T. Appraisal processes in emotion: Theory, methods, research[M]. Oxford University Press, 2001: 37–140.

[38] Shklovski I, Mainwaring S D, Skúladóttir H H, et al.. Leakiness and Creepiness in App Space: Perceptions of Privacy and Mobile App Use Mobile[C]// Human Factors in Computing Systems. ACM, 2014.

[39] Smith H J, Milberg S J, Burke S J. Information privacy: Measuring individuals' concerns about organizational practices[J]. MIS Quarterly, 1996: 167–196.

[40] Turner M M, Rimal R N, Morrison D, et al.. The Role of Anxiety in Seeking and Retaining Risk Information: Testing the Risk Perception Attitude Framework in Two Studies[J]. Human Communication Research, 2010, 32(2): 130–156.

[41] Wang Y, Komanduri S, Leon P G, et al.. "I regretted the minute I pressed share"：A Qualitative Study of Regrets on Facebook[C]//Symposium On Usable Privacy and Security. New York: ACM, 2011.

[42] Wisniewski P, Lipford H, Wilson D. Fighting for my space: coping mechanisms for SNS boundary regulation[C]//Proceedings of the SIGCHI Conference on Human Factors in Computing Systems. New York: ACM, 2012: 609–618.

[43] Xu H, Dinev T, Smith J, et al.. Information privacy concerns: Linking individual perceptions with institutional privacy assurances[J]. Journal of the Association for Information Systems, 2011, 12(12): 1.

[44] Yao M Z, Rice R E, Wallis K. Predicting user concerns about online privacy[J]. Journal of the Association for Information Science and Technology, 2014, 58(5): 710–722.

[45] Yi S, Baumgartner H. Coping With Negative Emotions in Purchase–Related Situation[J]. Journal of Consumer Psychology, 2004, 14(03): 303–317.

[46] Youn S. Teenagers' Perceptions of Online Privacy and Coping Behaviors: A Risk–Benefit Appraisal Approach[J]. Journal of Broadcasting & Electronic Media, 2005, 49(1): 86–110.

[47] Youn S. Determinants of Online Privacy Concern and Its Influence on Privacy Protection Behaviors Among Young Adolescents[J]. Journal of Consumer Affairs, 2010, 43(3): 389–418.

第六章

身体展演与社会互动

社交媒体为人们提供了自我展演的舞台，修图和视频功能的盛行使得展演以呈现身体意象为主。线上的身体展演是对身体的修饰和改造，是理想化自我的过程。已有研究表明，青少年时期的身体展演会直接影响其身心健康。这一方面关系到社交媒体上的哪些因素影响了青少年塑造自己的具身形象，另一方面则关乎青少年如何被社交媒体上的反馈和评价所物化。本章通过自我展演、身体意象和社会比较理论对青少年在社交媒体上的自拍行为进行了学理性分析，并以实证数据验证相应的理论假设，以期对未成年人的网络使用行为提出实用性建议。

第一节　社交媒体上的展演

一、从自我呈现到自我陈列

1. 拟剧理论

如前面章节所述，根据戈夫曼的拟剧理论，人们的社交互动可以被看作一场表演，而现实社会就是一个舞台（Goffman, 1959）。在这个理论框架下，个人通过各种方式来塑造自己在他人眼中的理想形象，就像在舞台上演出的演员一样。拟剧理论划分为前台与后台。前台是人们进行特定表演的区域，是公众场合或社会性场所，在这里人们按照社会期望和规范进行表演，塑造特定的形象。例如，教师在讲课的时候，教室就是前台，他们需以身作则，展现专业性和权威性。后台则是较为私密的场合，人们流露出与前台形象有所区别的一面，行为可能更真实、更自我、更不受限制，后台之间的交流可能更有益于亲密关系的建立。比如办公室或非公开的社交活动，人们可以放松自我，展示与前台形象不符的行为，例如老师之间可能会就教学以外的话题进行讨论、闲聊八卦。

拟剧理论诞生于传统媒体时代，聚焦于面对面的人际传播过程，因此个体自我展演依赖于异质的空间结构和线性的时间流动所形成的场景或者说语境。这意味着，人们需要在不同的前台，面向不同的观众，扮演不同的社会角色。这种表演是即时的、短暂的。以"表演"的视角理解社交媒体的表达行为固然具有一定的启发性，但拟剧理论并不能完全适用于社交媒体时代。如第一章中所阐释的，社交媒体的可供性的诸多特征如持久性、可见性、可分享性导致了所谓的"语境崩溃"。社交媒体技术的发展打破了现实世界中被分割的不同社会环境，使得不同语境的受众聚集到同一个平台上。

当不同语境中的多样受众聚集在同一个社交网络之上时，用户不得不同时应对具有不同规范和观众反应的混杂社会环境。社交媒体导致用户的自我呈现缺乏具体的语境。例如"时间崩溃"指出，过去发布的内容可能会因为缺少当时的具体语境而导致用户现在的形象被误解。因此在微信朋友圈中，"仅三天可见"的功能可以被看作情境再分离的用户实践（张杰、马一琨，2022）。用户通过设置短暂的可见期限，试图在一定程度上恢复发布内容时的特定语境，并尽量避免内容在不同时间点被解读时所产生的误解。

2. 自我陈列

考虑到社交媒体上的自我呈现并非即时的，而是能够持久存在和展示的，牛津大学研究者伯尼霍根认为，社交媒体上的自我呈现已经从一种舞台表演变成了一种自我的展览会，即应当将社交媒体上的展示理解为用户的"展览"或是"自我陈列"（Hogan, 2010）。所谓展览或是自我陈列，其本意是通过各种形式的物的呈现如艺术品、摄影、装置等呈现自己的想法或是品位。该术语涵盖一系列活动，描述了个人故意或无意地将自己的物放在聚光灯下，供他人观看、欣赏或评判。

在自我陈列的视角下，"物"是一种象征性的中介，人们通过它们展示个体的品位和身份。日常生活中，这些物可以是衣物、配饰、家具、艺术品等，它们不仅是实用的，更重要的是它们所代表的意义和符号。每个人在选择和展示自己的物时都在传达一类信息，表明自己的品位和所属社群。通过选择特定的物品，向他人传递关于自己的信息，如职业身份、审美偏好、文化背景等。这样的陈列体现了自己的特征，有助于巩固与同类人的联系，在一定程度上区分自己与其他群体。例如，有研究发现 19 世纪社会精英阶层阅读《纽约时报》等高级报纸时往往更自信和心安理得，而阅读故事类报刊则可能会感到羞耻或不安。这种情况部分反映了当时社会对于品位和文化素养的一种看法，即认为阅读高级报纸是彰显自己身份和文化水平的表现，而阅读低级报刊则可能会被视为不够高雅。

社交媒体上的自我陈列可以理解为用户在自己的空间内留下的数字痕迹，包括在社交媒体上分享文字、照片或视频等，与表演视角一样，这些痕迹涉及分享个人信息、经历或内容，允许个体表达其个性、兴趣和生活经历，以创造特定的自我形象或认知（Hogan, 2010）。自我陈列可以是自发的，也可以是精心策划的，目的可能是建立个人品牌、与朋友和关注者分享生活的精彩瞬间，或者是为了在社交媒体上获得认可和社交回报。自我"表演"和自我陈列的差异描述的是发生在社交媒体上瞬时行为和记录型行为的不同。在《机械复制时代的艺术》中，本雅明提出复制工艺使大多数艺术品容易被大规模复制、流传乃至取代，但这些复制品缺乏原始物体的独特"光环"。对于社交媒体用户个人而言，他们所遗留和创作的数字痕迹无疑具有自身的"光环"。

二、想象的观众与语境再分离

1. 想象的观众

观众隔离是指社交媒体的信息披露过程中，人们希望能够控制自己的观众，避免不受欢迎的观众干扰自己的表演。这可以通过设置界限来实现，确保只有特定的人可以观看或参与其发布的内容。尽管社交媒体用户可以通过分组、"对谁可见"等来对观众进行细分以及内容控制，实现有选择性的自我披露，但语境崩溃的现实导致用户很难完全按照自己的意图实现观众的分组与隔离。例如，微博上的潜在观众可能以匿名身份存在，用户无法预测和控制，亦无法确切知道他们的身份和反应。因此，人们需要依靠自己的想象来构建一个观众群体，并根据这个"想象的观众"来管理自己的表演和形象（Marwick & Boyd, 2011）。想象的观众也意味着用户在社交媒体中所面对的观众是虚构的，用户凭借自己的认知、理念和想象来构建这个观众群体（Litt, 2012）。这种观众想象可能会受到自己的认知局限和偏见的影响，导致用户对观众的期待和反应产生误解或挫败。

2. 语境再分离

想象的观众这一概念的提出彰显了用户在社交媒体上所具有的能动性，以及用户在应对语境崩溃的过程中所具有的主体性（Litt & Hargittai, 2016）。既然用户能够想象自身发布内容时所面向的观众，那么他们就能据此而创建相应的语境，并在该语境之下呈现自我。简言之，语境反而成了用户主体性创造的产物或者是由其主观建构的。在线下交往中，语境往往先于自我展演而存在，如学生进入的教室、信徒进入的教堂等，这些已经存在的情境在一定程度上规定了个体怎样表演、表演什么、对谁表演。而社交媒体上的自我展演是一个主观性极强的表演。用户有权决定在哪儿表演、表演什么以及观众是谁。

社交媒体上的自我展演，很大程度上依赖于个体对语境的边界进行再分离而完成（张杰、马一琨，2022）。例如，用户在不同的社交媒体上或在同一社交媒体上注册多个账号，即是创建多个不同的语境用以进行面向不同人群和目的的表演。比如，有一些用户注册微博小号，专门用来吐槽工作上的不悦，当用户在小号上尽情吐槽工作时，他们呈现的是相对真实的自我和情感。再如，微信朋友圈对不同的组别可见或不可见，即是营造不同的语境。因此，当发朋友圈屏蔽父母或老板时，用户的展演区隔了这些观众，他们无法看到用户的其他形象，不知道这是一个多面孔的"演员"。语境的再分离能够帮助个体完成不同的表演。因此，社交媒体的自我展示和陈列更加易于操控，用户甚至能够随心所欲地表演，完全超脱于自己现实生活中的角色。

第二节　身体的展演与客体化

一、身体意象

展示身体形象是当前社交媒体自我展演的表现之一。作为近年来社交媒体上最流行的展示形式，自拍照片已经成为用户展示自己、与他人联系、培养对团体的归属感，并通过镜头评价自己的身体形象的重要方式。移动应用程序和照片滤镜等各种工具使用户能够编辑自拍照片，并在想象的观众面前呈现更理想的自我形象（Perloff, 2014）。

身体意象（Body Image）的概念最早于 1935 年由保罗·席尔德在他的文章《人体的意象与外貌》中提出。身体意象是指个体对自己身体的主观感知和评价，包括对自己外貌、形体、体重等方面的态度和看法。它与个体的心理和情感状态密切相关，会影响到个体的自尊、自信和身体满意度。不论是大众媒体还是社交媒体，都通过内容塑造社会上的"理想美"标准，从而形成一套基于身体意象的认知与评价标准。这种标准不仅成为个体对良好身体形象的追求，更是社会文化赋予身体的理想标准。大众媒体的广告、电视剧、电影等的演员或者传递的价值观让人们以为社会上普遍都是颜值高、身材好的人，从而对自己产生焦虑。这种焦虑不仅是个体的心理问题，还涉及整个社会文化和社会正义的问题。在这种社会背景下，部分人又将这种焦虑发展为行动，进行整容整形、减肥瘦身等，以期达到所谓的"完美身材"。

以微信、抖音、微博等为代表的社交媒体平台对于身体意象的影响也越来越大，越来越多帅哥美女的照片、视频在社交媒体传播，导致人们对于颜值和身材的感受也更加直观。在社交媒体的宣扬下，美好的容貌成为一切快乐和满足的来源，与更高的社会地位、更出色的经济收入等相连接，并与幸福、快乐、自信等美好的情感体验相联系。随着以移动端为载体的图片编辑类软件的出现，人们通过一键美颜、一键瘦脸等简单的软件操作便可以实现照片的美化，赋予普通个体进行"美好"展示的权利。由此，女性越来越倾向于将自己塑造成符合男性社会样板模型的形象。她们在社交媒体上花费大量时间修饰自己的形象，如减肥、化妆、修图、整容等，以追求符合社会对美的认可的标准。然而，这种不断追求完美的过程往往使女性意识到现实自我与理想自我之间的差距，导致对真实自我更加不满意，形成了恶性循环。

二、物化的身体

身体意象的研究早期往往集中在女性群体，体现了传统父权制度下女性始终处于被物化、被客体化的状况。由于媒体展现了他人美好的一面，女性更加关注自己在他人眼中的形象，并根据男性社会对身体的要求来判断自己是否符合社会所认可的标准，而忽略了自己身体的主观感受。物化（Reification）是卢卡奇在深入分析马克思在《资本论》中对商品拜物教问题的探讨后提出的概念。它指的是一种现代人出现的状态，主要体现在社会层面和商品结构层面，即通过将人的关系转化为物的关系来遮掩或替代原本的人的关系。人们常常提到的物化女性，指的是将女性视为物品而非人类个体，并且以物质指标（如身材、皮肤）作为评价标准，而不是从精神层面（道德、性格）进行评价。这种态度剥夺了女性的个性特征和人性特征，把她们视为可以被他人使用或消费的存在。

在物化理论的基础上，学者们开始反思人们对"完美身材"的追求。心理学家芭芭拉·弗雷德里克森（Barbara Fredrickson）和托米·安·罗伯茨（Tomi Ann Roberts）在 1997 年提出了自我客体化理论，该理论认为人们会将自己的身体视为基于外貌评价的客体（Fredrickson & Roberts, 1997）。对女性而言，当她们经历自我客体化时，她们会被他人视为身体而非完整的个体，其存在的价值被局限于供他人使用或消费。与此同时，她们的个性特征和人性特征则会被剥夺。因此，有些女性在社交媒体上分享自拍时，她们经历了自我客体化后发现自己"没那么好"，可能会产生容貌焦虑。这样的想法会进一步加强其对自己身体的关注和监控行为，这种自我客体化的过程通常是潜移默化的，而且对女性的容貌焦虑产生了愈演愈烈的影响。

三、社会比较理论

身体的物化或自我客体化的一个表现是人们会持续地将自己的身体形象与他人（包括参照的媒介对象或是自己的同伴）进行比较，即将自己的身体摆放在客体的、可比较的位置上。社会心理学家费斯汀格提出的社会比较理论认为，个体在评估自己时，倾向于通过与他人比较来获得自我认知（Festinger, 1954）。这种比较行为是基于个体对于自我评价的需求，特别是在缺乏客观评价标准的情况下。社会比较的方向包括平行社会比较、下行社会比较和上行社会比较。平行社会比较是指个体将自己与自己类似的他人进行比较，以获得自我评价。下行社会比较是指个体将自己与处境比自己差的人进行比较，从而增强自我评价和积极情绪。上行社会比较则是指个体将自己与能力和属性优于自己的人进行比较，可能导致自我评价的降低和情绪的恶化。

社会比较理论指出，通过与和自己相似的他人进行比较，个体可以更好地了解自己的价值和能力，减少不确定性。社会比较理论强调了人们进行比较的动机、比较的标准以及比较的群体选择。在形成核心信念的过程中，个体通常会将自己的表现或获得与同辈群体进行比较。这些同辈群体包括兄弟姐妹、邻居、同学和同事等。通过与这些群体的比较，个体可以对自己和他人有更清晰的认知。起初，社会比较主要涉及观点和能力两个维度，比较的方向限于与自己相似的人进行平行比较。通过与相似的他人进行比较，个体可以获得更准确的自我评价。随着理论的发展，社会比较的内容和维度扩展到了情绪、身体健康状况、身体形象、学业成绩等个体自我层面的各个方面。因此，广义的社会比较可以被定义为个体在特定内容维度上对社会层级进行比较和评价的过程。

自我客体化、社会比较与社交媒体使用存在明显的关联。有研究发现，社交媒体使用的强度与个体对自身身体形象的社会比较呈现显著正相关，这种相关性在女性群体中更加突出。这表明女性更容易通过社交媒体参与社会比较并评估自己的身体。另一项研究探讨女性模特形象对女大学生身体意象的影响，结果显示，通过上行社会比较，理想的身体形象与个体对外貌的满意度之间存在显著关联。这说明女性在社交媒体上暴露于他人理想化的身体形象时，会对自身的身体形象产生影响，并评估自己是否满足这些理想化标准。

第三节　自拍与青少年心理健康

一、研究背景

身体形象的展演在社交媒体上已成司空见惯的现象，特别是自拍和分享自拍照在青少年女性中变得十分普遍（Anderson& Jiang, 2018）。自拍是线上自我展演的形式之一，按照拟剧理论的视角，自拍涉及一个人在后台准备自拍照片以及在前台展示最能代表自己的身体意象。社交媒体上的身体意象的展现需要个人有意识努力来建构一个高度选择性的、精心修剪的、符合观众和自身期待的自我。很多移动应用程序都为用户提供了各种修饰工具和策略，如调整照片效果、纠正瑕疵、拍摄多张照片并选择其一等（Chae, 2017; Choi & Behm-Morawitz, 2016）。

　　社交媒体使用与身体形象关系的研究近年来层出不穷，鉴于青少年女性正处于心理、生理转变的关键时期，对于身体意象的自我评价和外在评价会直接影响其心理健康和未来成长，因此不少研究观照通过社交媒体展演身体会对青少年女性带来怎样的影响，例如，依赖数字技术可能引发个体对自身身体形象的焦虑。在社交平台中，追求理想身体形象的趋势使得年轻女性陷入了自我物化和不安全行为的困境中，也增加了出现精神病理症状以及临床症状的风险，如进食障碍、情绪障碍和药物滥用等问题。此外，花费在社交媒体上的时间可以负向影响个体对自身身体的满意度，引起女性对外貌的关注程度以及理想身材的物化程度（Fardouly et al., 2017; Modica, 2019; Smith et al., 2013; Tiggemann et al., 2018）。

　　对于社交媒体使用的影响可以从"主动—被动"框架的视角展开。如第二章所述，主动使用是指在社交媒体上主动发起聊天、发布照片、更新状态等与他人互动的行为，而被动使用则是指通过浏览、潜水等方式获取信息而缺乏直接交流或互动的行为（Frison & Eggermont, 2015）。有学者认为，女性在社交媒体上发布原创内容如自己的照片和故事等，能够鼓励她们拥抱自己独特的外貌和个体差异，传达出多样性和包容性的信息。这种积极的身体展示能够促进女性的身体满意度，帮助她们树立积极的身体形象，并增强自尊和自信（Verduyn et al., 2020）。对于青少年女性来说，在线社交网络的核心功能是寻求社会认可和反馈，因此通过社交媒体上的主动互动和分享，女孩们可以形成一个支持和鼓励彼此的社群网络，她们可以相互赞美和支持，建立积极的身体认同和共同体感。这种互动有助于女性感受到归属感和认同感，从而提高她们对自己身体的满意度。也就是说，主动参与社交媒体使用可能引发积极反馈和社会联系，从而提高幸福感。

被动使用社交媒体则可能导致上行社会比较甚至嫉妒，降低幸福感。例如，浏览微博、小红书等平台上其他的用户晒出的"美照"一段时间后，个体可能对自己的外貌感到不满意，自我感觉较差。这种自拍照片编辑过程可能使用户能够在印象管理上有更多控制权（Tiidenberg & GomezCruz, 2015），但它或许不能令用户免于自我客体化（Veldhuis et al., 2020）。例如，一名青少年女性通过磨皮、美白等操作后获得了大量的赞，她可能会认为这些赞美是因其修图技术所得来的，是因为磨皮、美白的操作。再如，缺乏反馈可能对用户的心理健康产生不利影响，导致悲伤或情绪低落（Jong & Drummond, 2016）。因此，研究青少年女性的幸福感如何受到同龄人反馈的影响是至关重要的。研究身体展演对于青少年心理健康的影响需要从用户不同的使用行为加以考量，而不同的使用行为由怎样的心理动机和认知机制所影响是本研究关注的重点。

二、研究框架

1. 自拍中的反馈与社会比较

自拍作为自我展演的类型之一，也提供了用户与同伴互动的机会，包括点赞、评论、转发等。研究发现许多女性在网上发布自拍照片时都非常担心自己的外表，因为她们想要观众的认可和称赞（Haferkamp et al., 2012）。例如，在点赞这种互动中，一个人向另一个人发出信号，以期引起对方注意，而评论则比点赞更加深入，更容易进行丰富内容的交流。但这些互动方式多发生在半公开的空间内（如朋友圈），因此用户与他人的互动亦能够被其他观众看见。社交媒体上同龄人的评价不佳会对青春期少女的心理健康产生消极影响，故而自拍后用户获得的点赞数、评论数是其衡量他人评价的重要指标。

对于互动和反馈的关注，可能致使用户轻易地陷入社会比较的心态中。如前所述，社会比较理论认为，上行或下行比较的方向可以引导个人对自己产生不同的评价（Wood, 1996）。下行比较涉及一个人与其他类似的人之间的比较，这些人被认为不如自己幸运或比自己更糟糕。它反映了一种防御性倾向，能够增强情绪和自我价值感（Wills, 1981）。相反，向上比较指的是将自己与被认为更优越的人进行比较。这种类型的比较可能会导致心理上降低自尊和驱动自我提升的结果（Collins, 1996）。就身体意象的比较而言，一项元分析发现，人们与传统媒体刻画的理想外表比较往往是上行的，即个人可能会与身材较好的对象比较，继而感到挫败（Myers & Crowther, 2009）。

在社交媒体上，个人多与同龄人处在同样的社交圈，容易相互比较，继而产生他们的境况可能比自己稍好或稍差的感知（Lee, 2014）。换言之，社交媒体上的同龄人外表比较可能会向上，也可能向下（Chua & Chang, 2016; Fox &Vendemia, 2016）。一些研究发现，虽然向下比较促进自我提升，但向上比较会引发更大的身体不满、更低的自尊和更高的自我伤害行为风险（Fardouly & Vartanian, 2015; Johnson & Knobloch-Westerwick, 2014）。

2. 青少年的自尊感

青少年女孩，尤其是那些年龄在 12 岁到 18 岁的女孩，正经历着身体和情感上的变化（Vandenbosch & Eggermont, 2012）。她们对自身形象的呈现以及他人对她们的看法非常敏感，这些问题对她们身份认同的发展至关重要（Caspi, 2000）。在社交媒体上，青少年女孩渴望获得同龄人对她们自拍照的反馈，并且非常重视这些反馈。自拍照上的友伴反馈意味着同龄人的认可以及受欢迎程度，也意味着女孩们通过追求外貌和受欢迎度方面得到他人的认可来建立自我价值。

由于青春期是自我发展的重要时期（Elkind & Bowen, 1979），自我价值或者是自尊感本身决定了女孩对于友伴反馈的重视程度。自尊感或者自尊心指的是一个人对自己的主观和整体自我价值的评价（Rosenberg, 1965），它是一个相对稳定的特质，其影响在个体发展中持续存在（Orth & Robins, 2013）。由于自尊心代表着自我价值，个体要求不断维护和增强自尊心，因此他们追求在各个领域中实现自我价值，并试图在不同情境下达到文化价值标准（Crocker et al., 2003）。自尊心的情境范围从外部到内部领域不等：包括他人的认可、外貌、胜过他人、学业成绩、家庭支持、美德等。在这些方面，反馈被视为女孩在外部情境中关注自我价值的体现。通常，自尊心较高的个体认为自己在各种情境中受欢迎，具有吸引力和优越性（Brown, 2005）。自尊心较低的人则不太自信，他们需要寻求外部来源的认可来建立信心，（Downey & Feldman, 1996）。与自尊心较高的女孩相比，自尊心较低的女孩更有可能通过外部情境来追求自我价值，她们可能认为友伴反馈更为重要。

3. 情绪应对理论

青少年在日常生活中不得不应对各种形式的压力，比如学业失败或人际关系压力，继而产生诸多负面情绪，如恐惧、厌恶、愤怒等（Hampel & Petermann, 2006）。使用社交媒体也会给他们带来额外的压力，特别是当他们对于点赞数和评论格外重视的时候。日常生活的压力在青少年阶段往往表现为抑郁感，是指情绪状态长期处于低落或感到绝望或沮丧（Kandel & Davies, 1982），继而对个体的思维和社交行为产生负面影响（Forgas, 1995）。青春期的长期抑郁感可能导致成年时的临床抑郁症，或引发危险行为，如物质滥用乃至轻生意图（Vander Stoep et al., 2011）。

情绪应对理论（Coping Theory）认为，个体需要通过诸多策略来应对负面情绪，来调和自身的感受和状态，以期获得缓解。所谓应对即是个体有意识地付出的认知和行为努力，用来解决问题或减轻情绪压力（Lazarus

& Folkman, 1984）。针对负面情绪的应对策略有两种取向，一是聚焦于问题的策略（Problem-focused Strategies），即个体以主动的态势采取直接行动，去解决造成负面情绪出现的问题，问题解决了则负面情绪也随之消失；二是聚焦于情绪的策略（Emotion-focused Strategies），针对的是个体感到压力水平升高，需要缓解情绪的策略，这类策略主要聚焦于情绪本身，而并不将解决问题置于首要位置。二者都能够起到缓解压力的作用，因此，个体有时会同时采用两类策略。

鉴于抑郁感体现了个体的"意志消沉"状态，其可能会导致不同的应对策略（Kandel & Davies, 1982）。聚焦于问题的策略需要个体调动相关的资源和技能来采取行动，在抑郁的状态下，个体显然更愿意维持现状而难以采取直接的行动。同时，抑郁会导致个体更为脆弱，处于较高的压力水平，所以他们可能会采取一系列聚焦于情绪的策略。面对缺少友伴反馈而导致的抑郁感受时，青少年女孩可能会减少采用以问题为中心的应对策略的动机，而更多地采用以情绪为中心的应对策略。

本研究旨在揭示青少年女孩在社交媒体上的自拍行为如何影响其心理健康，重点考察友伴反馈（点赞、评论等）、自尊心、抑郁感、情绪应对和社会比较几个关键变量之间的作用关系。结合社会比较理论和情绪应对理论，本研究提出以下研究问题和假设：

研究问题 1：女孩们如何评价不同形式的同伴反馈的重要性？

假设 1：自尊与女孩感知到的友伴反馈的重要性呈负相关。

假设 2：当没有获得足够的反馈时，重视反馈的女孩更容易产生抑郁感受。

假设 3：当没有获得足够的反馈时，自尊低的女孩比自尊高的女孩更有可能产生抑郁感受。

假设 4：友伴反馈的重要性会导致：（a）更多地聚焦于问题的策略以及（b）更少地聚焦于情绪的策略。

假设5：抑郁感受则会导致：（a）更少地聚焦于问题的策略以及（b）更多地聚焦于情绪的策略。

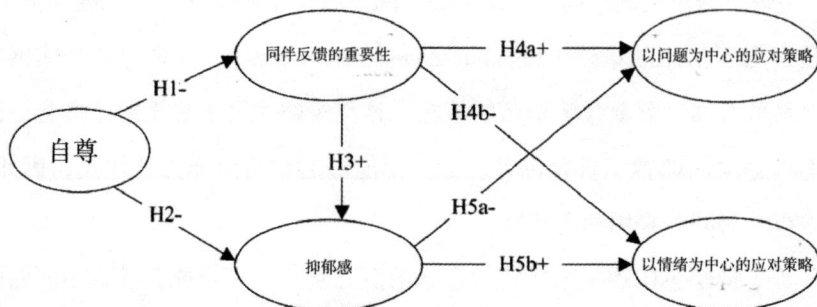

图6.1　概念模型

三、研究方法

1. 数据收集

本研究的数据是通过在新加坡进行线下调查所收集的。新加坡是一个多民族和多元文化的国家，华人是最大的族群（约75%），并且被认为是世界上数字技术最发达的国家之一。截至2017年，新加坡的智能手机和社交媒体普及率分别为82%和77%，平均而言，新加坡人每天花费约2小时使用社交媒体。

研究者在获得了新加坡教育部的批准之后，在当地中学招募参与者。参与者的抽样标准包括：（1）新加坡的女中学生；（2）年龄在12–18岁之间；（3）在Instagram上发布过自拍照片的用户。共有303名女学生完成了调查，回复率为52%。在剔除了7个无效的案例后，296份答复被纳入了最终的数据分析。其中，50.7%来自两所男女混合学校，其余来自单性别学校。参与者的平均年龄为14.22岁（SD=0.82），主要在12–16岁之间。

2. 数据测量

变量的测量多数使用了预先验证过的李克特五点型量表。所有潜在变量的测量都是可靠的，范围在 0.69 到 0.88 之间，并且具有足够的判别效力，因为平均方差提取的平方根（AVE）高于因子的相关性。潜在变量的因子载荷估计值都在 0.50 以上，表明量表处于可以接受的范围。

同伴反馈的重要性。本研究重点关注三种形式的同伴反馈，包括收到积极的评论、喜欢和获得更多的追随者。因此，参与者被要求指出"获得大量点赞""立即点赞""收到对我的自拍照片的积极评论""拥有大量 Instagram 粉丝的重要性"。综合可靠性为 0.88（M=2.53, SD=0.93）。

自尊。采用了罗森伯格自尊量表（Rosenberg, 1965）的简版，并选择了三个项目，如"我觉得我有很多好的品质"。综合可靠性为 0.77（M=3.50, SD=0.70）。

抑郁感受。本研究从针对青少年的 Kandel 抑郁情绪量表（Kandel & Davies, 1982）中选取了三个项目。被调查者被要求指出，当她们在 Instagram 上没有收到同伴的积极反馈时，她们有多长时间会产生某些感觉（如不开心、悲伤或抑郁）或"难以入睡"。这个量表的综合可靠性为 0.85（M=2.00, SD=0.91）。

情绪应对策略。参与者被要求报告当没有收到足够的反馈时，她们如何应对消极情绪。应对策略的测量方法是从简明 COPE 量表（Carver, 1997）中修改而来的，因为有些项目（如药物滥用或宗教思想）不适合本研究的背景。因此，根据以前的文献（Chua & Chang, 2016; Lim & Choi, 2017），我们总共选择了六个项目。

以问题为中心的应对（M=2.00, SD=0.70）由代表积极应对、计划和工具性支持的三个项目测量，综合可靠性为 0.71。积极应对被表述为"我会尝试通过删除我的照片来控制消极情绪"；计划被表述为"我会想出新的计划，下次在 Instagram 上发布更有吸引力的自拍照片"；而工具性支持被表述为"我会向朋友寻求建议和帮助来改善我的自拍照片"。

以情绪为中心的应对（M=2.84, SD=0.96）由另外三个项目测量，表示脱离、自我转移和接受，综合可靠性为 0.69。这三个项目是"我将放弃处理它"、"我将转向其他活动以转移我的注意力"和"我将尝试接受消极的感觉并忍受它"。

社交媒体使用。参与者以分钟为单位说明她们查看 Instagram 账户的频率。她们还被要求报告在一个典型的星期内发布的自拍照片的数量。

四、研究发现

SPSS24.0 被用来对相关变量进行描述性分析，并回答研究问题 1。R 与统计包 lavaan（0.5–22 版）被用于进一步分析。研究首先进行了探索性因素分析（EFA）和验证性因素分析（CFA）来检验测量模型，然后利用结构方程模型（SEM）来检验研究模型和提出的假设。

1. 描述性统计

关于 Instagram 的使用频率，平均值为 3.84（SD=1.38；3 指"每几个小时"，4 指"每小时"），大多数参与者（93.4%）表示每天至少查看一次 Instagram。平均而言，参与者每周发布不到一张自拍照片（M=0.58, SD=1.33）。

关于研究问题 1，参与者对"同伴反馈的重要性"量表的平均评分是 2.53（SD=0.93）。研究者对这个量表的四个项目分别进行了描述性分析。参与者对"点赞"数量的重要性评分最高（M=2.64, SD=1.07），对积极评论的重要性评分第二高（M=2.61, SD=1.09）。参与者对粉丝数量的重要性（M=2.44, SD=1.05）和立即获得点赞的重要性（M=2.44, SD=1.04；"点赞的重要性——即时性"）给出的分数相对较低。

2. 测量模型

由于情绪应对策略的分类方式是多样的（Skinner et al., 2003），研究者采用了 EFA 来探索应对项目的维度。主成分分析结果显示，六个应对项目合并为两组，即以问题为中心的应对和以情绪为中心的应对，与传统的分类方法一致。

研究者进一步将所有因素纳入测量模型。模型拟合测试（模型 1，见表 6.1）的结果显示，卡方检验是显著的 $[x^2（94）=156.092, p<0.001]$，因为卡方检验对大样本量的敏感性，因此这是可以接受的。然而，由 CFI=0.967、TLI=0.957、SRMR=0.053 和 RMSEA=0.047（90%C.I.=0.034, 0.060）衡量的模型拟合指数都在良好范围内。因此，研究者采用这个测量模型进行进一步分析。

表 6.1　测量模型和研究模型的模型拟合

	测量模型（模型 1）	研究模型（模型 2）
卡方 x^2 (df)	156.092（94）***	157.478（96）***
CFI	0.967	0.967
TLI	0.957	0.959
SRMR	0.053	0.053
RMSEA	0.047（90%C.I.=0.034, 0.060）	0.047（90%C.I.=0.033, 0.060）

注：*p<0.05，**p<0.01，***p<0.001。

3. 结构方程模型

研究模型（模型 2）的结构和每个假设的路径都用 SEM 方法进行了检验。如表 6.1 所示，模型 2 的模型拟合指数与模型 1 相似，都在适当的范围内，如 CFI=0.967、TLI=0.959、SRMR=0.053 和 RMSEA=0.047（90%C.I.=0.033, 0.060），尽管卡方检验是显著的 $[x^2（96）=157.478, p<0.001]$。

通过观察每个路径的模型估计，对假设进行了检验。假设 1 和假设 2 预测自尊对同伴反馈和抑郁感受的重要性有消极影响。结果表明，这两个假设得到支持（假设 1，$\beta=-0.145$，p<0.05；假设 2，$\beta=-0.308$，p<0.001）。

假设 3 预测同伴反馈的重要性和抑郁感受之间的正相关，这也得到了支持（β=0.196，p<0.01）。

假设 4a 预测同伴反馈的重要性和以问题为中心的应对之间的正相关，得到支持（β=0.476，p<0.001）。然而，假设 4b 被拒绝了（β=0.151，p<0.05），因为我们假设同伴反馈的重要性和以情绪为中心的应对之间呈负相关。

假设 5a 预测抑郁感对以问题为中心的应对有消极影响，这一点被拒绝了（β=0.281，p<0.001）。假设 5b 得到支持（β=0.227，p<0.01），因为我们预测抑郁感与关注情绪的应对方式呈正相关。

五、讨论

1. 量化的友伴反馈

如描述性分析所示，友伴反馈重要性相对较高的平均值表明，青少年女孩对网上同伴的反馈持认真和较为重视的态度。女孩们尤其高度重视"点赞"和"积极评价"，这表明她们对量化和质性的反馈都很渴望。同伴反馈的重要性与抑郁感受之间的正相关关系也合研究预期，友伴反馈对少女心理健康的波动具有强大的影响，进一步表明她们对反馈的需求。

女孩对"点赞"数重视程度最高，这反映了可量化的反馈的重要性。近年来，"喜欢"或是"点赞"按钮的盛行，加剧了女孩们对获得可量化反馈的关注，因为喜欢的数量更容易评估。可量化的反馈（喜欢和粉丝）在社交媒体上以半公开或公开的纯数字表现出来，所以它们很容易被他人观察或注意到。这种反馈的可见性可能会导致与同龄人的比较。例如，女孩在发帖前期望得到一定数量的喜欢。虽然她们心中可能没有一个确切的数字，但观察同龄人的数字和与同龄人的互动将导致她们为自己设定一个基线（Chua & Chang, 2016）。有人指出，青少年女孩利用他人的反应来评估她们在社交媒体上的表现（Boyd, 2008），而获得大量可积极反馈的重要性意味着女孩们渴望为她们在社交媒体上的形象 / 表现赢得强有力的同伴认可。

发布自拍照片的主要目的是展示令人喜爱的形象，一方面女孩对她们的自拍照片发布持谨慎态度；另一方面，她们也渴望得到喜欢和积极的评论，以反映她们在展示自己方面的表现。可以说，友伴反馈正在成为女孩发布自拍照片时的 KPI（Key Performance Indicator, 关键绩效指标），因为这些反馈是可评估的、可见的和可比较的，而且女孩会认真地将这些反馈内化。换言之，女孩的自拍照片行为是以 KPI 为导向的，这种行为反过来又促使她们渴望得到更多的反馈，以不断地在公众面前展示自己被高度认可的表现。

本研究的结果表明，对这一 KPI 的热衷会使青少年女孩在缺乏足够反馈时容易产生抑郁感受。为了缓解因努力实现这类关键绩效指标而产生的抑郁，应该考虑提升自尊心的策略，因为自尊与抑郁和同伴反馈的重要性之间存在负相关关系。自尊对抑郁的消极影响在现有文献中已被反复提出，本研究再次证实，高自尊可以起到防止少女抑郁的缓冲作用。此外，自尊对获得反馈的重要性也有类似的消极影响。也就是说，自尊强的女孩对自己的表现很自信（McFarlin & Blascovich, 1981），所以她们不需要上述 KPI 来验证她们的价值。但低自尊的女孩可能对她们自我评价的准确性感到不确定（Baumeister, 1982），她们更依赖友伴的反馈来评价她们的表现，特别是考虑到反馈是可量化的和可见的。

尽管友伴的反馈可能会帮助青少年女孩——尤其是那些低自尊的女孩——验证她们的自我价值，但这个过程会产生消极的心理结果（例如，涉及抑郁的情感状态）。在某些情况下追求自尊是有代价的，在这个过程中个人的心理健康会受到伤害（Crocker & Park, 2004）。如前所述，重视自拍照片的反馈实际上意味着将自我价值押在外部事件上（例如，根据自己的身体外观赢得他人的认可）。在个人倾向于将自我价值寄托在多个领域上时，身体外观是最肤浅和最不健康的领域（Crocker et al., 1994）。

然而，以美德、同情心或利他主义的方式追求自尊，可以消耗较低的成本（Crocker et al., 2003）。为了防止青少年女孩抑郁，关键是要鼓励她们提高自尊，或将她们的自我价值寄托在适当的或有价值的领域，并引导她们以健康的观点看待网上友伴的反馈，而不是将反馈作为她们自拍的KPI。

2. 互补的情绪应对策略

本研究发现，友伴反馈的重要性与以情绪为中心的应对方式之间存在负相关关系，而抑郁感则与以问题为中心的应对方式之间呈现正相关，这些发现超出了原来的预测，但结果是合理的，因为应对策略并不是互斥的，而且大多数压力源会激活两种应对方式（Lazarus, 1991）。未来研究需要将不同类型的应对方式视为互补的功能，而不是互斥的功能。换句话说，这两种应对方式不是完全独立的，而是相互补充，帮助个人处理压力事件（Lazarus,1991; Lazarus & Folkman,1984）。以问题为中心的应对和以情绪为中心的应对之间的相互关系也反映了这两种应对方式可以相互促进，帮助女孩缓解由于反馈不足而产生的压力。

青少年女孩熟悉社交媒体平台提供的各种功能，这些功能可以宣传她们的自拍照片，帮助她们获得反馈（Agosto et al., 2012; Madden et al., 2013）。事实上，社交媒体上的功能对用户来说很容易操作，如轻松删除喜欢较少的自拍照片（即积极应对），或给朋友发信息，寻求如何改进的建议（即工具性支持）。社交媒体上各种功能的易用性（Davis, 1989）鼓励用户使用以问题为中心的应对方式，以作为应对情绪压力的主要控制手段。使用社交媒体上的功能的便利性只需要女孩很少的认知资源和精力。即使她们经历了情绪低落或处于低迷状态，也会认为这种情况是可以改变的，并随时采取直接措施（即以问题为中心的应对方式）。

采用互补的应对策略意味着即使女孩可以很容易地采取各种即时措施来解决遇到的问题（例如缺乏反馈），她们也需要将自己的感受调整到一个适应的状态，例如，转移自己的注意力，使自己不被友伴对自拍照片的反馈所影响。尽管以问题为中心的策略可以帮助女孩直接缓解压力，但她们仍然需要利用以情感为中心的策略作为辅助控制手段来缓解消极情绪。

研究发现，友伴反馈的重要性对以问题为中心的应对方式的影响要大于以情绪为中心的应对方式（β=0.476 vs. 0.151），而在抑郁的影响下，这种差异大大降低了（β=0.281vs. 0.227）。这一发现意味着，应对过程是动态的，采取不同策略的偏好是情境性的，并依赖于情绪资源（Lazarus, 1999; Schoenmakers et al., 2015）。友伴反馈的重要性对以问题为中心的应对方式影响大小相对较高，反映了友伴反馈的重要性强烈地促使女孩采取直接措施来缓解压力。相反，抑郁使少女沉浸在士气低落的状态中。与友伴反馈的影响相比，它使少女不太可能采取即时措施和直接努力来处理适应负面情绪。

六、小结

本研究基于调查方法和横断面的相关分析，这使得研究者很难建立因果关系。然而，本研究的预测是基于对理论和以往研究的充分调查，这一局限并不减损该研究的贡献。此外，研究者采用了一个简化版的应对量表，不能涵盖所有的应对策略，因此可能遗漏了一些有效的策略。

除去这些局限，通过对新加坡 296 名青少年女孩的调查分析，本研究系统研究了友伴反馈的重要性、自尊、抑郁和情绪应对策略之间的关系。本研究引入了友伴反馈重要性这一概念，并发现社交媒体上的友伴反馈正在以一种量化表征的形式影响用户的自拍行为并成为衡量其自拍质量的关键绩效指标；两种应对方式的共用，体现了以问题为中心和以情绪为中心的应对方式在处理情绪压力事件中共存的可能性，这种互补的行为范式可以为未来的研究提供有益的借鉴。

注：本章部分内容来自笔者已发表的论文：Li P, Chang L, Chua T H H, et al.. "Likes" as KPI: An examination of teenage girls' perspective on peer feedback on Instagram and its influence on coping response[J]. Telematics & Informatics, 2018, 35(7): 1994−2005.

参考文献

[1] Agosto D E, Abbas J, Naughton R. Relationships and social rules: Teens' social network and other ICT selection practices[J]. Journal of the American Society for Information Science and Technology, 2012, 63(6): 1108–1124.

[2] Anderson M, Jiang J. Teens' social media habits and experiences[J]. Pew Research Center, 2018, 28.

[3] Baumeister R F. Self–esteem, self–presentation, and future interaction: A dilemma of reputation[J]. Journal of personality, 1982, 50(1): 29–45.

[4] Boyd D. Why Youth (Heart) Social Network Sites: The Role of Networked Publics in Teenage Social Life[M]. Cambridge: MIT Press, 2008: 1–26.

[5] Brown S P, Westbrook R A, Challagalla G. Good cope, bad cope: Adaptive and maladaptive coping strategies following a critical negative work event[J]. Journal of Applied Psychology, 2005, 90(4): 792–798.

[6] Carver C S. You want to measure coping but your protocol' too long: Consider the brief cope[J]. International Journal of Behavioral Medicine, 1997, 4(1): 92–100.

[7] Caspi A. The child is father of the man: Personality continuities from childhood to adulthood[J]. Journal of Personality and Social Psychology, 2000,78: 158–172.

[8] Chae J. Virtual makeover: Selfie–taking and social media use increase selfie–editing frequency through social comparison[J]. Computers in Human Behavior,2017,66: 370–376.

[9] Choi G Y, Behm–Morawitz E. Teach Me About Yourself(ie): Exploring Selfie–Takers' Technology Usage and Digital Literacy Skills[J]. Psychology of

Popular Media Culture, 2016, 7(3): 345–360.

[10] Chua TH, Chang L. Follow me and like my beautiful selfies: Singapore teenage girls' engagement in self-presentation and peer comparison on social media[J]. Computers in human behavior, 2016, 55: 190–197.

[11] Collins R L. For better or worse: The impact of upward social comparison on self-evaluations[J]. Psychological Bulletin, 1996, 119(1): 51.

[12] Crocker J, Luhtanen R, Blaine B, et al.. Collective Self-Esteem and Psychological Well-Being among White, Black, and Asian College Students[J]. Personality and Social Psychology Bulletin, 1994, 20(5): 503–513.

[13] Crocker J, Luhtanen R K, Cooper L, Bouvrette A. Contingencies of self-worth in college students: theory and measurement[J]. Journal of Personality and Social Psychology, 2003, 85(5): 894.

[14] Crocker J, Park L E. The costly pursuit of self-esteem[J]. Psychological Bulletin, 2004, 130(3): 392–414.

[15] Davis F D. Perceived Usefulness, Perceived Ease of Use, and User Acceptance of Information Technology[J]. Mis Quarterly, 1989, 13(3): 319–340.

[16] Downey G, Feldman S I. Implications of rejection sensitivity for intimate relationships. Journal of Personality and Social Psychology, 1996, 70(6): 1327.

[17] Elkind D, Bowen R. Imaginary audience behavior in children and adolescents[J]. Developmental Psychology, 1979, 15(1): 38.

[18] Fardouly J, Vartanian L R. Negative comparisons about one's appearance mediate the relationship between Facebook usage and body image concerns[J]. Body Image, 2015, 12(Jan.): 82–88.

[19] Fardouly J, Pinkus R T, Vartanian L R. The impact of appearance comparisons made through social media, traditional media, and in person in women's everyday lives[J]. Body Image, 2017, 20(Mar.): 31–39.

[20] Festinger L. A theory of social comparison processes[J]. Human Relations,1954, 7(2): 117–140.

[21] Forgas J P. Mood and judgment: the affect infusion model (AIM) [J]. Psychological Bulletin, 1995, 117(1): 39.

[22] Fox J, Vendemia M A. Selective Self–Presentation and Social Comparison Through Photographs on Social Networking Sites[J].Cyberpsychology Behavior & Social Networking, 2016, 19(10): 593–600.

[23] Fredrickson B L, Roberts T A. Objectification theory: Toward understanding women's lived experiences and mental health risks[J]. Psychology of Women Quarterly, 1997, 21(2): 173–206.

[24] Goffman E. The presentation of self in everyday life[M]. Garden City, N.Y.: Doubleday, 1959: 8.

[25] Haferkamp N, Eimler S C, Papadakis A M, et al.. Men are from Mars, women are from Venus? Examining gender differences in self–presentation on social networking sites[J]. Cyberpsychology, Behavior, and Social Networking, 2012, 15(2): 91–98.

[26] Hampel P, Petermann F. Perceived stress, coping, and adjustment in adolescents[J]. Journal of Adolescent Health, 2006, 38(4): 409–415.

[27] Hogan B. The Presentation of Self in the Age of Social Media: Distinguishing Performances and Exhibitions Online[J]. Bulletin of Science Technology & Society, 2010, 30(6): 377–386.

[28] Johnson B K, Knobloch–Westerwick S. Glancing up or down: Mood management and selective social comparisons on social networking sites[J]. Computers in Human Behavior, 2014, 41: 33–39.

[29] Jong S T, Drummond M J N. Hurry up and "like" me: Immediate feedback on social networking sites and the impact on adolescent girls[J]. Asia–

Pacific Journal of Health, Sport and Physical Education, 2016, 7(3): 251–267.

[30] Kandel D B, Davies M. Epidemiology of depressive mood in adolescents: An empirical study[J]. Archives of General Psychiatry, 1982, 39(10): 1205–1212.

[31] Lazarus R S. Emotion and adaptation[M]. New York: Oxford University Press, 1991: 60–69.

[32] Lazarus R S. Stress and emotion: A new synthesis[M]. Berlin: Springer, 1999: 27–101.

[33] Lazarus R S, Folkman S. Stress, appraisal, and coping[M]. Berlin: Springer, 1984: 117–178.

[34] Lee S Y. How do people compare themselves with others on social network sites?: The case of Facebook[J]. Computers in Human Behavior, 2014, 32: 253–260.

[35] Li P, Chang L, Chua T H H, et al.. "Likes" as KPI: An examination of teenage girls' perspective on peer feedback on Instagram and its influence on coping response[J]. Telematics and Informatics, 2018, 35(7): 1994–2005.

[36] Lim M S, Choi S B. Stress caused by social media network applications and user responses[J]. Multimedia Tools and Applications, 2017, 76: 17685–17698.

[37] Litt E. Knock, knock. Who's there? The imagined audience[J]. Journal of Broadcasting & Electronic Media, 2012, 56(3): 330–345.

[38] Litt E, Hargittai E. The imagined audience on social network sites[J]. Social Media+ Society, 2016, 2(1): 1–12.

[39] Madden M, Lenhart A, Cortesi S, et al.. Teens, social media, and privacy[J]. Pew Research Center, 2013, 21(1055): 2–86.

[40] Marwick A E, Boyd D. I Tweet Honestly, I Tweet Passionately: Twitter Users, Context Collapse, and the Imagined Audience[J]. New Media & Society,

2011, 13(1): 114–133.

[41] McFarlin D B, Blascovich J. Effects of self–esteem and performance feedback on future affective preferences and cognitive expectations[J]. Journal of Personality and Social Psychology, 1981, 40(3): 521.

[42] Modica C. Facebook, body esteem, and body surveillance in adult women: The moderating role of self–compassion and appearance–contingent self–worth[J]. Body Image, 2019, 29: 17–30.

[43] Myers T A, Crowther J H. Social comparison as a predictor of body dissatisfaction: A meta–analytic review[J]. Journal of Abnormal Psychology, 2009, 118(4): 683.

[44] Orth U, Robins R W. Understanding the link between low self–esteem and depression[J]. Current Directions in Psychological Science, 2013, 22(6): 455–460.

[45] Perloff R M. Social media effects on young women's body image concerns: Theoretical perspectives and an agenda for research[J]. Sex Roles, 2014, 71: 363–377.

[46] Rosenberg M. Rosenberg self–esteem scale[J]. Journal of Religion and Health, 1965.

[47] Schoenmakers E C, Van Tilburg T G, Fokkema T. Problem–focused and emotion–focused coping options and loneliness: How are they related?[J]. European journal of ageing, 2015, 12: 153–161.

[48] Skinner E A, Edge K, Altman J, et al.. Searching for the structure of coping: a review and critique of category systems for classifying ways of coping[J]. Psychological Bulletin, 2003, 129(2): 216.

[49] Smith A R, Hames J L, Joiner Jr T E. Status update: Maladaptive Facebook usage predicts increases in body dissatisfaction and bulimic symptoms[J]. Journal of Affective Disorders, 2013, 149(1–3): 235–240.

[50] Tiggemann M, Hayden S, Brown Z, et al.. The effect of Instagram "likes" on women's social comparison and body dissatisfaction[J]. Body Image, 2018, 26: 90–97.

[51] Tiidenberg K, Gomez Cruz E. Selfies, image and the re-making of the body[J]. Body & Society, 2015, 21(4): 77–102.

[52] Vandenbosch L, Eggermont S. Understanding sexual objectification: A comprehensive approach toward media exposure and girls' internalization of beauty ideals, self-objectification, and body surveillance[J]. Journal of communication, 2012, 62(5): 869–887.

[53] Vander Stoep A, Adrian M, Mc Cauley E, Crowell S E, Stone A, Flynn C. Risk for suicidal ideation and suicide attempts associated with co-occurring depression and conduct problems in early adolescence[J]. Suicide and Life-Threatening Behavior, 2011, 41(3): 316–329.

[54] Veldhuis J, Alleva J M, Bij de Vaate A J D, et al.. Me, my selfie, and I: The relations between selfie behaviors, body image, self-objectification, and self-esteem in young women[J]. Psychology of Popular Media, 2020, 9(1): 3.

[55] Verduyn P, Gugushvili N, Massar K, et al.. Social comparison on social networking sites[J]. Current Opinion in Psychology, 2020, 36: 32–37.

[56] Wills T A. Downward comparison principles in social psychology[J]. Psychological Bulletin, 1981, 90(2): 245.

[57] Wood J V. What is social comparison and how should we study it?[J]. Personality and Social Psychology Bulletin, 1996, 22(5): 520–537.

[58] 张杰，马一琨. 从情境崩溃到情境再分离：社会—关系情境中的用户社交媒介实践——基于微信朋友圈"仅三天可见"的研究 [J]. 国际新闻界，2022，44（08）：28–48.

第七章

感知真实与表达一致

当日常生活中大部分社会互动经由电子媒介中介而实现时，人与人交流的真实感因此而变得格外重要。这意味着作为观众的用户期待从他人的展演和披露中寻找种种线索以感知展演者的"本真"，包括通过拼凑他人在不同"前台"的演出以形成印象，或者通过他人在"后台"的表达来了解他人。在此过程中，人们如何在认知层面形成表达一致性和感知真实性之间的路径，表达不一致是否会影响人际评价，或者在何种情况下影响人际评价，诸多疑问尚无答案。本章采取探索性的质化研究来阐明表达一致性和感知真实性在印象形成过程中的相互作用机制。

第一节　表达一致性的意涵

一、计算机中介传播中的社交线索

在社交媒体时代，人们形成人际印象的方式已经发生了巨大的改变。人们在社交媒体上记录他们的日常生活，并留下了大量诸如文字、影像、表情符号等数字痕迹（Humphreys, 2018），这些痕迹反过来也成为观察者了解发布者个性特点的重要社会线索（Hall et al., 2014）。在如今的社交媒体环境下，这些线索间的不一致是很常见的，因为人们很难记住他们在媒体上留下的每一条痕迹，哪怕他们有这个打算（Tang et al., 2020）。美国前总统特朗普便是一个自相矛盾的典型案例，他在推特上关于外交政策和新冠危机等各种议题不断发表前后不一致的内容（Shane, 2018; The Washington Post, 2020）。然而，尽管如今前后不一致的现象在网络上十分普遍，关于感知不一致性对人际感知的影响却仍旧模糊。从理论上说，不一致的信息违反了印象形成过程中人们对连贯性和一致性的规范性期望，并可能导致对目标展示者的负面评价（Asch & Zukier, 1984; Hampson, 1998）。支持上述理论假说的研究发现，一个人的不一致表达会对他的可信度、吸引力和真实性感知产生负面影响（e.g., DeAndrea & Walther, 2011; Tang et al., 2020）；但另一方面，也有研究表明，在网络上人们一定程度的不一致表现未必会损害他在别人眼中的印象（e.g., Lee et al., 2020; Qin et al., 2021）。

二、现实语境下的感知一致性

1. 感知一致性的定义

在现实语境中了解人们如何判定一系列行为的一致性，对后续深入研究社交媒体语境下的感知非一致性具有启发作用。在线下了解他人时，人们会自然地希望从目标人的特征和行为中感知到内在一致性（Greenwald, 1982; Asch and Zukier, 1984），而来自目标人的两个社会线索之间的矛盾会导致难以形成稳定的人际印象（Slovic, 1966）。关于这一点，现实语境下感知非一致性体现在当一个人的行为特征相互矛盾时，他就违反了人们对一致性的期望，导致观察者的认知失衡（Hampson, 1998）。为了解决这种认知失衡，观察者需要调和感知到的不一致信息，并最终形成对目标人的稳定印象（Johnson-Laird et al., 2004）。

2. 感知一致性的解释

大量的现有文献已经揭示了人们在现实语境下调和不一致信息的各种措施。其中一系列研究关注人们如何使用有效的线索来调和不一致性。当两部分线索不一致时，观察者要么选择相对更有效的线索并排除其余线索来得出结论（Slovic, 1966），要么赋予有效线索更大的信任权重（Himmelfarb, 1970）。最近的研究已经进一步探索了哪种类型的线索对社会判断来说是有效（或无效）的。当新线索与观察者对目标原有的印象不一致时，它们通常被认为是无效的（Chung & Fink, 2016）。与体现个人性格的特征本身（如温和、好斗）相比，这些特征背后的效价（如积极、消极）被认为更有效。此外，与道德相关的特征相比，与社交或能力相关的特征能传达更多有效信息（Brambilla et al., 2019）。这一系列研究表明：当面对不一致信息时，人们会从诸如时效、情感价值、道德规范等多种角度来比较冲突信息的有效性，并通过那些他们认为更有效的线索来调和感知非一致性。

　　另一系列研究往往基于归因理论，来分析人们如何解释日常生活中意外行为和事件背后的原因（Weiner, 1985）。由于大多数情况下，非规范的不一致信息是意外出现的，人们往往会尝试寻找性格原因（内部因素）或情境原因（外部因素）对这些信息进行归因解释（Jones & Nisbett, 1987; Johnson-Laird et al., 2004）。这两种类型的归因都有助于调和人们感知到的不一致信息，但具体选择哪种类型进行归因取决于发布者和观察者之间的关系。人们在归因时往往更偏祖自己及身边亲近的人，这种归因过程中发布者—观察者间的不对称影响了人们调和感知不一致性的策略选择（Jones and Nisbett, 1987）。举例而言，当解释一个不熟悉的人表现出的言行不一时，观察者会做出性格归因（如形成负面印象）（Weisbuch et al., 2010）；然而，与不熟悉的人相比，人们并不会认为他们自身在言语和行为上的不同是一种矛盾，因为他们认为自己的人格是多元的（Sande et al., 1988; Prentice, 1990）。

　　综上所述，现有文献表明，不同类型的不一致信息会导致不同的归因取向（如性格归因与情境归因）。在归因过程中，观察者与发布者的关系（例如，自己/亲密他人与熟人）也起了作用。如果感知到的不一致性可以通过情境因素来解释，那么目标的印象就不会受到影响；否则，对目标的印象，特别是对熟人的印象，就会受到负面影响（Hampson, 1998）。

第二节　探索社交媒体上的不一致表达

一、自我呈现中的一致性

社交媒体无疑为人际间的感知和印象形成提供了一个完美的场所。作为观察者的人们将发布者在不同时间、不同媒体平台留下的信息痕迹汇总在一起，并以此推断发布者的身份与个性特点（Humphreys, 2018）。与现实语境不同，在社交媒体上，人们不但可以通过发布者自己展示的内容进行推测，还可以利用各种其他来源的信息，比如平台系统数据以及评论区的好友互动。大量的研究已经分析了观察者如何通过社交媒体上诸如状态更新、头像变化、好友数量、好友封面等有效信息来形成对目标人个性特征、喜爱度、吸引力的准确判断。这些研究主要关注不同的线索间如何互补地、一致地帮助社交媒体用户形成印象，但关于认识不一致线索的研究却很有限。

如上所述，观察者会收集来自发布者、发布者的朋友、平台系统等各个来源的信息以形成准确的人际印象。与之相对应，在社交媒体上的不一致表达形式也更加多样，包括发布者自己发布内容中的不一致或不同来源间的不一致。担保理论已被广泛应用于调查不同来源（如自己、朋友或熟人、系统）产生的信息间引起的不一致性。根据担保理论，人们更信任具有更高担保价值（即信息能够免于人为操控的程度）的信息并依靠它们形成人际评价（Walther, 2002）。基于这一理论框架，过往研究发现社交媒体用户认为系统生成的信息（如好友数量）以及其他来源的陈述（如好友评论）因为其不可操纵性而具有更高的担保价值（Walther et al., 2009; Utz, 2010; DeAndrea & Carpenter, 2018）。换句话说，当两组社交媒体线索彼此冲突时，观察者会对不同的信息给予不同程度的担保价值和有效性，他们

160

更倾向于信任第三方产生的信息，而不是展演者产生的信息。

在 Lee（2020）提出的"计算机中介传播中的真实性模型"（Authenticity Model of Computer-Mediated Communication）中，她指出了感知一致性和真实性在计算机中介的人际感知中的重要作用。事实上，目标人的真实性取决于他的表现与观察者的基本知识间的一致性程度。在某种程度上，真实性模型可以帮助我们理解发布者自我产生的不一致性的影响，因为它表明了自我产生的不一致性可能导致负面的人际评价（即损害发布者的真实性）。与上述假说一致，一项实验研究证实，在线呈现的不一致性会导致对目标人的真实性和喜爱度的负面评价（Tang et al., 2020）。无独有偶，以往研究发现观察者会认为那些线上表现与线下行为相偏离的人是不值得信赖的（DeAndrea & Walther, 2011）。但也有研究表明社交媒体上的不一致行为不会导致负面印象形成。例如，与那些一直发布积极内容的人相比，在社交媒体上同时呈现积极和消极信息（在某种意义上表现不一致）的人被认为是更值得信赖的（Qin et al., 2021）。这是因为观察者怀疑那些总是重复相似内容的人不过是想塑造他们的人设。

二、探究表达中的不一致性

1. 研究问题

现有文献对感知一致性的影响已经得出初步结论，即社交媒体上的不一致表达不一定会导致负面结果。这样的结论也引发了更深层的理论疑问：哪些因素参与了感知不一致性的过程，并决定了人际评估的结果？在什么情况下，社交媒体上相互冲突的线索会违反人们对一致性的期望，并造成不一致的感觉？根据真实性模型，观察者依靠基本知识来判断一个人的表现是否一致（Lee, 2020），但目前尚不清楚观察者如何在网络语境下形成对发布者的基本知识，也不清楚观察者是如何评估两个来自同一来源且都具有可操作性的冲突信息的担保价值的。为了解决这些问题，本研究提出了第一个研究问题：

问题 1：在社交媒体上，观察者如何看待不一致的信息，特别是（发布者）自我产生的不一致性？

同样尚待探明的还有归因理论是否能够以及应该如何应用于解释社交媒体上感知到的不一致性（Weiner, 1985; Jones and Nisbett, 1987）。计算机中介传播存在缺失社会情境性因素的问题，特别是在如 Facebook 时间线、Twitter 推文等非自发互动中这一问题更为显著，那么观察者如何像在现实语境中那样，将不一致的表达归因于情境原因？发布者—观察者之间的不对称性是否会对调和社交媒体上的感知不一致性产生影响？为了解决以上疑问，本研究提出了第二个研究问题：

问题 2：在社交媒体上，观察者如何调和感知到的不一致的信息？

2. 研究方法

本研究使用焦点小组访谈，探讨关于社交媒体用户在感知不一致表达时的经历及想法，得到了丰富的文本数据。通过在焦点小组讨论的过程中提取出有启发意义的主题，研究者可以对他们的研究问题有进一步的深入了解（Strauss & Corbin, 1998; Onwuegbuzie et al., 2009）。本研究通过目的抽样法和滚雪球抽样法招募受访者。为了能够有良好的小组讨论氛围，并获得丰富的叙述和互动数据，研究者希望与受访者进行面对面的互动。研究者首先将招募公告发布在新加坡当地的线上论坛。在招募到第一批受访者后，研究者邀请他们推荐那些经历过不一致表达的人参与到小组讨论中。受访者必须在 18 周岁以上，并每天至少访问一次任意社交媒体平台（如 Facebook、Instagram、Twitter）。

共有 48 名受访者参与了此次研究（男性 20 名，女性 28 名）。为了保持样本的多样性，受访者中有一半是大学生（包括本科生和硕士生），而另一半是年轻的职场人士。Facebook 和 Instagram 是最受受访者欢迎的平台，分别有 44 人和 42 人使用。使用 Twitter 和 Snapchat 平台的受访者均为 16 人。受访者的年龄在 19-28 岁之间。与其他年龄段相比，年轻人更擅长数字技术，并且使用社交媒体更频繁。由于年轻人绝大多数的日常互动（如建立人际关系、认识新朋友、保持社交联系等）都发生在社交媒体上，所以通常可以在他们的数字痕迹中发现不一致的表达。也就是说，相对年轻的受访者可以提供大量关于社交媒体上不一致表达的叙述和具体的个人经历，从而帮助研究者更深入、更全面地探索这一问题。

本研究共完成了六次焦点小组讨论（小组规模从 6 个到 9 个不等）。每次讨论时长根据小组规模持续在 60-120 分钟之间，研究者在过程中进行完整的录音及转录以用于数据分析。每个焦点小组共有两位主持人，分别负责主持讨论和记录工作。所有焦点小组都是在同一个实验室里完成的。在到达讨论地点后，受访者被要求阅读并签署知情同意书。在确定自愿性后，受访者会被分配一个昵称以避免被识别出真实身份信息。

主持人首先介绍本次研究的目的，并请受访者简单聊聊他们使用社交媒体的情况，包括常用平台，使用习惯，在不同平台上发生的社交互动等。随后，主持人引导受访者进入本次研究的重点，鼓励他们分享个人媒介使用经历。值得注意的是，此次焦点小组讨论使用半结构式的问题设计。这些问题探讨了观察者如何把一组信息认作不一致的，他们是如何察觉并应对不一致信息的，什么情况下不一致表达会影响观察者的判断，以及他们如何感知不同的发布者的不一致表达。焦点小组讨论并不会拘泥于上述问题，主持人会在对话过程中得到启发，并深入探讨具体话题。

3. 数据分析

本研究采用持续性比较分析来进行主题的提取和识别，作为一种新兴的系统性方法，持续性比较分析能够帮助研究人员有效识别数据的理论饱和度（Onwuegbuzie et al., 2009）。两位主持人在每次焦点小组结束后对转录文本进行回顾与分析。从前期焦点小组中发现的主题被用于探索性研究，而较后期小组的数据则被用于系统性地验证并完善主题。通过使用上述方法，我们在开展六个焦点小组后得到了足够详细的讨论数据，并停止了数据收集工作。两位主持人随后共同对数据进行编码并反复讨论，最终在如何使用编码和主题来清楚表达受访者语义上达成一致。持续性比较分析的过程遵循编码的三阶段规范：开放式编码（将转录文本分成由单个短语或短句组成的小单元）、主轴式编码（把在第一阶段确定的小单元根据其概念上的相似性分成不同的组）、选择性编码（把在第二阶段中创建的组在意义维度上进一步整合）（Strauss & Corbin, 1998）。

4. 初步结论

通过数据分析，本研究得到两个关键主题：感知不一致性的来源以及调和感知不一致性的策略。感知不一致性的来源这一主题表明，当发布者展示的内容被观察者认为与其真实表现相偏离时，发布者前后不一致的印象就会形成（Lee, 2020）。研究结果发现，观察者会采用不同标准来判断发布者在不同语境下的表现是否真实，并进一步影响他们对发布者展示内容的感知不一致性。事实上，对不一致性的感知主要发生在三种情况下：在同一个社交媒体账号内，在公共与私人社交媒体账号间，在线上和线下语境间。

第二个主题揭示了三种调和感知不一致性的策略：依赖真实表现，通过换位思考来补充环境因素，推断不一致言行背后的内在动机。第一种策略表明，观察者会将那些能反映发布者真实形象的线索看作更有效的信息，并将其他与之相冲突的线索过滤掉以形成对发布者一致的印象。后两种策略从归因理论出发，描述了观察者如何寻找：（1）外部／情境原因或（2）内部原因来解释发布者的发表内容与他／她真实表现之间的冲突。

三、偏离真实的表达

本部分主要探讨观察者如何定义社交媒体上的不一致表达，研究发现，所谓的感知不一致，在于观察者察觉表达者的表现与其真实表现出现了偏差。之前的文献已经发现，只有当两组线索让观察者产生认知失调并想要解决这种感知不一致时，它们才会被视为不一致表达（Slovic, 1966; Hampson, 1998）。根据焦点小组的讨论，当社交媒体上前后矛盾的表达扰乱观察者对展示者真实形象（如真实身份、性格、信念、情感等）的观察时，就会发生认知失调。也就是说，在社交媒体上感知到的不一致性源于人们偏离真实表现的表达。受访者表示在意识到社交媒体上的自我呈现可以被编辑操纵后，他们首先会找到那些能够真实反映展示者的线索，比如展示者的真实身份或真实想法（如信仰和感受）。在这之后，他们会评估展示者在社交媒体上的其他表达是否与他/她的真实表现一致。此外，结果表明观察者在不同的情境下会采用不同的标准来评估展示者的真实表现；因此，本研究分别讨论了以下三种情境：（a）同一账号内的言行不一致；（b）公开账号与私密账号间的不一致；（c）线上和线下环境中的不一致。

1. 行为和信念的不一致

第一种情境下，观察者会在同一个社交媒体账号内发现不一致的表达。大多数受访者都谈道，展示者的实际行为和他们在帖子里流露出的理念之间的矛盾会引起不一致的感觉。一方面，在浏览社交媒体主页时，观察者往往会通过那些流露展示者理念或内心情感的帖子来建立对目标的印象，因为他们相信这些帖子里的内容能真实反映展示者。另一方面，观察者希望展示者的行为与他的理念一致，因为一个人的行为应该是他/她的信念的真实反映 。当展示者的行为与他们的真实想法（即信念、一般价值观）不匹配时，观察者就会感到认知失衡。针对这种"行为—信念"间的不一致，第 2 组的 4 号参与者（G2P4）（女性，21 岁）分享了一个关于她的朋友的例子：

"我曾发现一个作为环保主义者的朋友出现前后不一的现象，我之所以认为她应该是一位环保主义者，是因为她在 Facebook 上发布和转发了很多支持环保行为的内容，比如乘坐公共交通工具、拒绝使用动物产品等。但有趣的是，前几天我看到她发布了一张她拿着皮革包包的照片，配文：耶！新包！这不就是和她的价值观完全矛盾了吗？！"

在判断一个帖子是否反映展示者的真实想法时，帖子的长度及类似帖子的数量是观察者需要注意的重要因素。在 G2P4（女性，21 岁）的例子中，观察者在看到朋友发布和转发大量相关文章后，给她的朋友贴上了"环保主义者"的标签。G3P2（男性，21 岁）说："当看到有人发布大量关于某件事情的帖子时，你肯定就知道这是他真正相信的东西。"这说明，在观察者看来，不是所有的帖子都有相同的重要性，只有那些符合一定标准的帖子（如频繁出现、叙述详尽）才会被认作体现了一个人的真实表现。本研究因此得到了一个重要的结论：观察者并不会把那些发生在表面的、肤浅的矛盾表达看作真正的前后不一，除非这种不一致表达动摇了观察者对展示者在信仰、价值观、内在情感等方面形成的基本印象。在 G1P1（男性，24 岁）反复提到的一个案例中，一位朋友声称他打算保持健康很长一段时间（例如，1 年），但只在 1 天或 2 天后就发布了自己享受高热量美食的照片。受访者认为，没有人可以完全避免上述这种前后矛盾的现象，因为人们的日常表达常常是随心而动、不断变化的。由于这些看似前后不一的表达仅仅停留在一个人浅层行为，并没有反映出他们的内心想法，观察者只是简单地把这种不一致性看作"偶然的变化"。因此，观察者在观看了这些帖子后，没有经历任何认知失调或参与后续的协调行为。

2. 前台和后台的不一致

第二种情境是指展示者在同一社交媒体平台（如 Instagram）上的公开账号与私人账号所发布的内容间出现矛盾，即前台表演和后台真实流露的差异。对于如今的年轻人来说，拥有两个社交媒体账号并不罕见（一个公开账号和一个私人账号），因为他们可以选择不同的设置来满足不同的需求。在公开账号上，用户提供可识别的身份信息（如真实姓名、职业和与社会团体的关系），并与大量的关注者互相联系。人们会在公开账号上有意地设计帖子内容，借此建立积极的形象，满足社会期望。相反，在私人账号里，人们使用化名隐藏自己的社会身份，并在上面记录日常生活，发泄自己纯粹的个人情感，无论是积极的还是消极的。

几乎所有的受访者都认为私人账号上的表达更真实，因为它们通常会展现他／她的内心想法或真实生活。同时，在公开账号上发表的内容相对而言更肤浅和同质化，往往是一些关于食物、旅行或者其他普通兴趣爱好的帖子，这些内容往往被认为是用来"炫耀社会地位""让人们感到嫉妒"的。根据 G2P5（女性，22 岁）的观察，"人们总是呈现出同样的东西，比如美味的食物或旅行冒险。你无法知道这个人到底是谁。人们在这种媒体账号上只是一种产品"。当观察者发现一个人的公开账号和私人账号所发布的内容两相矛盾时，他们便感觉到了不一致，正如 G6P3（女性，21 岁）所说：

"在公开账号上，他们会展现得很开心自在，但与此同时在私人账号上，他们会说，我很沮丧，这让我难以承受，等等。我认为这在一定意义上来说是不一致的。"

在这种情况下，感知不一致性源于一个人想要建立在公开账号上的积极形象（或理想身份）与他在私人账户上表达的真实想法之间的差异。例如，G1P1（男性，24 岁）在他的公开 Instagram 账号上称自己是一名兼职健身教练，为了满足人们对一名健身教练的期望，他倡议"你必须健康饮食才能保持健康"。然而，在私人账号上，他透露了自己的真实生活："我早餐只吃沙拉，但日常生活中我经常吃垃圾食品。"显然，受访者认为这种矛盾的表达是不一致的，因为展示者的实际行为（在私人账号上发布的内容）违反了他所想塑造出的好教练形象。也就是说，观察者会将展示者在私人账号上发布的内容作为真实性参照物，并借此与展示者在公开账号上的内容相比较，公开账号上任何与这些参照物相悖的表达都会让观察者感到不一致。

3. 线上和线下的不一致

第三种情境下，感知不一致性是由线上和线下表现的差异引起的。大多数时候，受访者更倾向于相信展示者在线下环境的行为表达，因为他们可以直接与展示者进行互动。当人们的线上表达与他／她的线下形象相矛盾时，感知不一致性就产生了。一个典型的例子是那种在现实生活中很内向，在社交媒体上却非常自恋、喜欢发带滤镜自拍的奇怪男人。受访者G6P5（男性，23 岁）描述了一个类似的案例：

"这哥们在现实里非常安静，但在网上他却非常健谈，经常就网络欺凌等社会或政治问题发表意见。在我看来这是一种不一致，因为他在网络上的表现和他在现实生活中相去甚远。"

当观察者发现他们熟识的人在线上和线下的行为存在矛盾时，他们通常会感到困惑，并倾向于找到一种方法来解释这种不一致。"人性的多维度"是一种常见的解释，观察者认为他们的朋友或熟人有着多方面的人格特性，而这种线上与线下之间的不一致正是这些人使用社交媒体来展示自己多元个性的形式。

在泛泛之交的关系中同样可以观察到这种线上与线下的不一致。根据G1P3（女性，20 岁）所说，这种不一致在网上约会中很常见："他在社交媒体上是你的理想类型，但当你在线下认识他时，你的幻想被打破了。"这个案例表明，如果人们看到一个熟人在现实生活中的行为和网上不一致时，他们基本不会对其产生好印象，因为他们会认为这个熟人在网上的形象是经过加工和捏造的。上述两个例子反映，人们会将展示者在线下的行为视作真实性参照物（无论是密友还是泛泛之交），但他们会采用不同的策略来分别调和从朋友或熟人感知到的不一致性。

四、调和感知不一致性

本部分关注的是人们在社交媒体上调和不一致性表达时的策略。如前所述，感知不一致会引发认知失调，从而促使观察者调和前后矛盾，最终形成对展示者的稳定印象。根据焦点小组访谈，本研究得出了三种类型的策略：偏重真实表现，通过换位思考来补充环境因素，推断不一致言行背后的动机。在侧重了解更多真实信息后，观察者对前后矛盾的信息进行过滤，并得以保持对展示者前后一致的印象。通过换位思考，观察者将感知到的不一致归因于外部因素，从而不影响其对展示者的人际评价。相反，如果观察者通过推断内在动机，将感知到的不一致归因于性格等内在因素，他们就会进一步评估展示者行为的合理性，甚至改变对其的人际评价。

1. 寻找真实线索

第一种用来调和不一致性的策略是寻找真实线索，指的是观察者会对那些反映展示者真实情况的信息赋予更高的可信度和担保价值，同时会降低与真实情况相悖的其他信息的可信度。根据受访者的叙述，当他们发现一条信息内容与展示者的真实形象不符时，他们可能会坚持相信原始的印象并忽略这些新看到的信息，以此来保持对展示者印象的一致性。上文提到，对真实线索的选择标准是随着环境变化而变化的。一般来说，当观察者在调和发生在同一社交媒体账号内的不一致时，反映目标身份、个性、信仰和内心情感的线索被认为是真实的。但当观察者调和不同情境下（如公开与私人、线上与线下）的不一致时，私人账号或者线下环境的行为线索自然而然地被认为是更加可信的。举例而言，受访者表示他们在私人账号上可以看到一个更加真实个性的展示者，他们认为由于私人账号不会被大部分人看见，展示者在这里没有理由来修饰美化帖子。也就是说，受访者往往会赋予私人账号上的信息更多的担保价值，对公开账号上的内容却不会认真关注。

在大多数情况下，当展示者是观察者的熟人（如朋友、家人）时，这种调和策略效果更好。因为观察者有更多机会能在展示者的私人账号或现实生活中接触他们的真实情况。G4P2（女性，24岁）提到了她姐姐的例子：

"我姐姐是一名摄影师，在她的公开账号上，她会发布精修过的图片，以此来美化自己的形象。但在她的私人账号上，姐姐会变成一个很毒舌的人，在和她好友的交流中也不会有任何的掩饰遮拦。这才是真实的她，所以我更喜欢看她的小号。"

2. 换位思考

第二种用来调和不一致性的策略是换位思考，即从展示者的视角来分析感知不一致的原因。尽管计算机中介传播环境缺少情境线索，但观察者会通过将自己置于展示者的情境、参考自身经历等方法来弥补缺失的情境线索（如恶劣的天气、他人的邀请），正如受访者G5P3（女性，20岁）所说："我的一大原则就是要学会换位思考。"通过换位思考，观察者将展示者的不一致表达归因于情境或外部因果。只要感知到的不一致性能够被外部因素解释，观察者就能保持对展示者前后一致的印象，并维持良好的人际评价。

与第一种策略类似，观察者主要使用换位思考策略来调和对熟人（如朋友或来自朋友社交圈子的人）所产生的感知不一致性，因为他们可以通过彼此间的熟悉度和共性来试着弥补缺失的情境线索。观察者更愿意对亲密的朋友付出同理心并表示理解。例如，在讨论那些声称要为了期末考试努力学习但又经常出去聚会的朋友时，一些受访者承认他们自己的行为与朋友类似。受访者G1P1（男性，24岁）表示他曾多次违背了自己"努力工作"的决心，原因是他收到了聚会邀请，不想扫兴。他在访谈中为朋友们这样辩护："我认为在某些特定的情况下，他们（受访者的朋友）有理由做一些事情，所以有些时候表现不一致真的不是他们的错。"然而，当面对新认识的好友或来自不同社交圈的熟人时，观察者很难对他们的不一致行为补充情境线索。据受访者 G4P7（女性，20 岁）所言，"对于那些我不太了解的人，我并不能知道为什么他们在社交媒体上发布的内容不一致。所以我只会阅读这些内容，并觉得这个人有点狡猾"。

3. 推断动机

第三种调和策略是推断不一致言行背后的动机，常用于观察者对展示者并不熟悉，在感知到不一致后不能或不愿思考补充情境因素的情况。由于行为动机被视为与内部因果关系密切相关（Jones & Nisbett, 1987），在推断内在动机的过程中寻找人们行为不一致的性格原因同样重要。通过这种策略，观察者将展示者的不一致表现合理化，并根据推断出的原因的合法性来选择维持还是调整对展示者的人际评估。

由于情境因素缺失，并且对展示者的个人理解因人而异，观察者主要根据能够反映一个人社会身份及所属社会群体的"社会分类线索"来推测展示者的内在动机，这类线索往往会对如何评价人们的行为设定一个规范期望。这种方法在感知关于人们自我营销的表达时作用显著。受访者提到，许多微名人或社交媒体上有影响力的人在 Instagram 上发着光彩照人的生活记录，但在现实中却活得很平凡。据受访者推断，这些展示者线上与线下的不一致是由他们作为社交媒体名人的身份所驱使的。受访者 G3P2（男，21 岁）表示：

"我认识一些体育界的人，他们发布了很多非常酷的照片，比如在完成运动项目，在很豪华的地方聚会。但在现实生活中，他们的生活非常普通，和照片里完全不同。我猜他们（微名人）只是想用这种方式获得赞助，因此我不会期待他们在线上线下的行为方式完全一致，因为在某种意义上，他们的身份角色要求他们的行为不一致。"

受访者在这种情况下接受不一致，是因为他们知道"网红"的这种行为是为了谋生，"假装过得很光彩是他们生活的一部分"（G2P5，女性，

22 岁）。换句话说，"网红"表现不一致的动机并没有违反他们所属社会群体的共同属性。相比之下，受访者表示他们很难接受同龄人（即大学生）在 Instagram 上炫耀奢侈生活的照片。当看到同龄人展示光彩奢侈生活的帖子时，观察者将他们的线上分享内容与大学生预期的生活方式（展示者的社会身份）进行比较。根据与大学生预期支出水平的对比，他们得出结论，展示者所呈现的生活方式不符合"大学生"该有的样子，而他们的这种自我营销被看作想获得人们关注。

观察者在处理来自不熟的人的感知不一致时，会选择推测产生不一致的内在原因，只要展示者的内在动机与其社会身份相符，观察者就可以接受一定程度的不一致。事实上，观察者会贬低人们寻求外部认可的行为动机。当受到这些动机的驱使时，展示者不一致的表达会被视为是虚假捏造的，并进而导致观察者对其的负面评价。

第三节　表达一致性的影响

一、不一致信息的二阶加工模型

本研究发现了两大主题：社交媒体上感知不一致性的来源及调和不一致性的策略。如图 7.1 所示，这两个主题反映了人们在加工社交媒体上的感知不一致性时的两个阶段：第一个阶段描述了观察者在什么情况下产生不一致的感觉，第二个阶段则揭示了观察者如何解决所感知的不一致。此外，本研究还发现感知真实性、社会分类线索、观察者与展演者间的关系等因素参与了这一双阶段加工，并共同影响观察者对不一致表达的阐释。

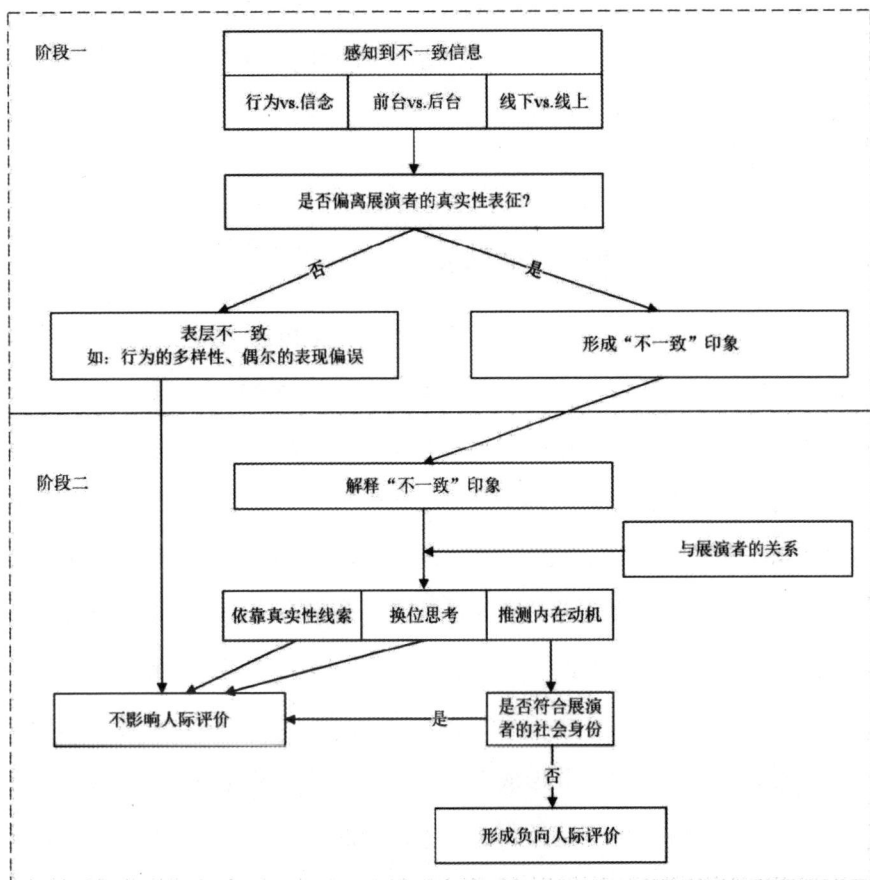

图 7.1 不一致信息的二阶加工模型

　　为了解释不一致表达所带来的复杂结果，二阶加工模型揭示了不一致表达对人际印象塑造的复杂影响机制。首先，只有当冲突的信息偏离了一个人的真实表现时，不一致性才会产生（阶段一）。此外，感知到的不一致并不一定会导致负面人际评价，这取决于观察者如何调和这种不一致（阶段二）。具体来说，在不同的调和策略中采用哪种取决于观察者和展演者之间的关系／熟悉程度。一方面，为了替朋友或熟人所产生的不一致内容辩护，观察者要么依靠对方的真实表现而忽略冲突的信息，要么通过换位思考寻找外部原因，这两种方法都有助于他们保持对朋友稳定且友好

173

的印象。另一方面，在处理来自不熟的人的不一致表达时，观察者会推断其行为不一致的动机，并根据对方所属的社会群体来判断动机的合法性，推断出的不合法的动机（即被认为不符合社会身份的动机）可能对人际评价产生负面影响。

二、表达一致与感知真实的关系

在计算机中介的人际交往中，不一致本身就传递了信息。正如提出的二阶加工模型所示，感知不一致性会触发不同的整合社会线索的路径，最终在社会评价中得到不同结果。本研究强调了感知真实性在网络人际感知中的核心地位。考虑到当前网络环境中错误信息的激增，越来越多的研究关注到真实性的作用（Lee, 2020; Tang et al., 2020; Wotipka & High, 2016）。最近的研究认为，对真实性的感知与观察者基于常识的（不）一致性感知是联系在一起的（Lee, 2020），本研究进一步提出，（不）一致性和真实性之间存在相互关系。这体现了真实表现的功能，观察者可以通过它来判断展示者的表达是否一致，并形成人际评价。研究结果表明，展示者（主要是认识的人）不一致的表达是否会损害他们的人际评价，主要取决于感知真实性是否受到威胁（即第三种调和策略）。本研究还揭示了观察者如何在社交媒体上寻找真实性参照物。如第一个主题所示，被认为能反映展示者真实情况的社会线索包括：（a）私人账号上的线索或在线下产生的线索，而非公开账号；（b）揭示个人身份、个性、信仰和内心感受的线索，即使是在公开账号上。这些发现共同证实了感知真实性在网络人际交往中的重要影响，这值得未来的研究关注。

本研究还在真实性概念和担保理论之间建立了理论联系。研究结果显示，观察者通常依靠感知真实性来评估自我产生的线索的合理性和担保价值。第一种调和策略表明，观察者对被认为反映了展示者真实形象的线索给予更多信任及更高的担保价值，同时对被认为是捏造的线索进行贬斥。

也就是说，真实的线索可能具有更高的担保价值，因为人们认为这种线索是不容易被捏造的。近期关于担保理论的研究已经开始将焦点转向评估来自同一信息源的线索的担保价值（DeAndrea & Carpenter, 2018）。因此，本研究的结果对这一知识体系进行了补充，提出可以将信息源的感知真实性视为担保价值的一个指标。

本研究拓展了归因理论在论证社交媒体语境下感知不一致信息方面的运用。和线下语境类似，本研究发现人们在线上解释不一致性时也采用了不对称的方式，即对熟人/朋友产生的不一致表达和对其他人的不一致表达有不同的归因路径。上文提到，尽管线上的情境线索有限，但人们可以通过换位思考的策略来弥补缺失的情境因素。通过这种策略，人们可以避免质疑他人的人格和个性，以维持对朋友的良好印象和稳定关系（Prentice, 1990; Malle, 2006）。当不一致性发生在泛泛之交身上时，人们会通过推断他们的心理动机直接进行内在归因（即评判人格）。研究结果证实，人们在 CMC 语境中会将熟人去个性化，并过度简化他们的行为动机（Reicher et al., 1995），因为他们主要依靠社会分类线索（即反映一个人的社会身份或社会群体的信息）来推测熟人的行为动机并判断这种动机的合理性。这些发现表明，展示者和观察者之间的关系/熟悉程度会显著影响观察者对线上语境下的意外行为的归因。

三、小结

本研究希望通过揭示感知（不）一致性和真实性在个人印象形成和印象管理中的重要性，对在线人际互动领域做出贡献。值得注意的是，在社交媒体上建立得体的企业形象时，一致性和真实性也被认为是需要考虑的重要因素（Marwick & Boyd, 2011）。社交媒体已经成为企业改善品牌形象、管理客户关系和全球公共关系的常见场所（Gavurova et al., 2018）。为了拓展本研究的结果，将来的研究可以关注企业社交媒体账号的感知（不）一致性的影响，以及它如何影响顾客对不同企业的印象。

通过研究社交媒体上的不一致表达，本研究构建了一个处理感知不一致性的二阶加工模型，对在线人际感知的研究做出了理论贡献。首先，通过提出真实感作为感知不一致的重要尺度，本研究强调了真实性在 CMC 中的重要作用。其次，通过提出真实性可以帮助观察者评估自我产生的线索的担保价值，本研究将真实性的概念与担保理论联系起来，从而推进了这一理论的意涵。最后，以计算机为媒介的人际感知过程并不完全客观，因为观察者会主观地解释同一组社会线索的含义，并根据他们与展示者的关系或熟悉程度做出不对称的归因。这些贡献在社交媒体时代具有积极的意义，因为当前的人际关系的融洽在很大程度上取决于人们通过线上线索获得的印象。

注：本章内容来自笔者已发表的论文：Li P, Cho H, Qin Y.（In）consistency matters: An account of understanding the perception of inconsistent expressions on social media[J]. Frontiers in Psychology, 2022, 13: 885498.

参考文献

[1] Asch S E, Zukier H. Thinking about persons[J]. Journal of Personality and Social Psychology, 1984, 46(6): 1230.

[2] Brannon S M, Sacchi D L M, Gawronski B. (In) consistency in the eye of the beholder: The roles of warmth, competence, and valence in lay perceptions of inconsistency[J]. Journal of Experimental Social Psychology, 2017, 70: 80–94.

[3] Brambilla M, Carraro L, Castelli L, et al.. Changing impressions: Moral character dominates impression updating[J]. Journal of Experimental Social Psychology, 2019, 82: 64–73.

[4] Chung S, Fink E L. Sequential information integration and belief trajectories II: Candidate evaluation trajectories in response to negative incongruent messages[J]. Communication Research, 2016, 43(7): 945–971.

[5] DeAndrea D C, Carpenter C J. Measuring the construct of warranting value and testing warranting theory[J]. Communication Research, 2018, 45(8): 1193–1215.

[6] DeAndrea D C, Walther J B. Attributions for inconsistencies between online and offline self–presentations[J]. Communication Research, 2011, 38(6): 805–825.

[7] Gavurova B, et al.. The customer's brand experience in the light of selected performance indicators in the social media environment[J]. Journal of Competitiveness, 2018, 10: 72–84.

[8] Greenwald A G. Is anyone in charge? Personalysis versus the principle of personal unity[J]. Psychological perspectives on the self, 1982, 1: 151–181.

[9] Hall J A, Pennington N, Lueders A. Impression management and

formation on Facebook: A lens model approach[J]. New Media & Society, 2014, 16(6): 958–982.

[10] Hampson S E. When is an inconsistency not an inconsistency? Trait reconciliation in personality description and impression formation[J]. Journal of Personality and Social Psychology, 1998, 74(1): 102.

[11] Himmelfarb S. Effects of cue validity differences in weighting information[J]. Journal of Mathematical Psychology, 1970, 7(3): 531–539.

[12] Humphreys L. The qualified self: Social media and the accounting of everyday life[M]. Cambridge: MIT Press, 2018: 29–50.

[13] Johnson–Laird P N, Girotto V, Legrenzi P. Reasoning from inconsistency to consistency[J]. Psychological Review, 2004, 111(3): 640.

[14] Jones E E, Nisbett R E. The actor and the observer: Divergent perceptions of the causes of behavior[C]//Preparation of this paper grew out of a workshop on attribution theory held at University of California, Los Angeles, Aug 1969. Lawrence Erlbaum Associates, Inc, 1987.

[15] Lee E J. Authenticity model of (mass–oriented) computer–mediated communication: Conceptual explorations and testable propositions[J]. Journal of Computer–Mediated Communication, 2020, 25(1): 60–73.

[16] Lee E J, Lee H Y, Choi S. Is the message the medium? How politicians' Twitter blunders affect perceived authenticity of Twitter communication[J]. Computers in Human Behavior, 2020, 104: 106188.

[17] Marwick A E, Boyd D. I tweet honestly, I tweet passionately: Twitter users, context collapse, and the imagined audience[J]. New media & society, 2011, 13(1): 114–133.

[18] Malle B F. The actor–observer asymmetry in attribution: a (surprising) meta–analysis[J]. Psychological bulletin, 2006, 132(6): 895.

[19] Onwuegbuzie A J, Dickinson W B, Leech N L, et al.. A qualitative framework for collecting and analyzing data in focus group research[J]. International Journal of Qualitative Methods, 2009, 8(3): 1–21.

[20] Prentice D A. Familiarity and differences in self-and other-representations[J]. Journal of Personality and Social Psychology, 1990, 59(3): 369.

[21] Qin Y, Cho H, Li P, et al.. First impression formation based on valenced self-disclosure in social media profiles[J]. Frontiers in Psychology, 2021, 12: 656365.

[22] Reicher S D, Spears R, Postmes T. A social identity model of deindividuation phenomena[J]. European Review of Social Psychology, 1995, 6(1): 161–198.

[23] Sande G N, Goethals G R, Radloff C E. Perceiving one's own traits and others': The multifaceted self[J]. Journal of Personality and Social Psychology, 1988, 54(1): 13.

[24] Shane T. The semiotics of authenticity: Indexicality in Donald Trump's tweets[J]. Social Media+ Society, 2018, 4(3): 2056305118800315.

[25] Slovic P. Cue-consistency and cue-utilization in judgment[J]. The American Journal of Psychology, 1966, 79(3): 427–434.

[26] Strauss A, Corbin J. Basics of qualitative research: Techniques and procedures for developing grounded theory[M]. Thousand Oaks: Sage publications, 1998: 65–86.

[27] Tang N, Chu J, Leong K, et al.. To thine communication partner be true: the effect of presentation consistency on perceived authenticity and liking after making a first impression online[J]. Cyberpsychology: Journal of Psychosocial Research on Cyberspace, 2020, 14(3).

[28] Toma C L, Hancock J T. Looks and lies: The role of physical

attractiveness in online dating self–presentation and deception[J]. Communication Research, 2010, 37(3): 335–351.

[29] Utz S. Show me your friends and I will tell you what type of person you are: How one's profile, number of friends, and type of friends influence impression formation on social network sites[J]. Journal of Computer–Mediated Communication, 2010, 15(2): 314–335.

[30] Walther J B. Cues filtered out, cues filtered in: Computer mediated communication and relationships[J]. Handbook of Interpersonal Communication, 2002, 3: 529.

[31] Walther J B, Van Der Heide B, Hamel L M, et al.. Self–generated versus other–generated statements and impressions in computer–mediated communication: A test of warranting theory using Facebook[J]. Communication Research, 2009, 36(2): 229–253.

[32] Walther J B, Van Der Heide B, Kim S Y, et al.. The role of friends' appearance and behavior on evaluations of individuals on Facebook: Are we known by the company we keep?[J]. Human Communication Research, 2008, 34(1): 28–49.

[33] Weiner B. An attributional theory of achievement motivation and emotion[J]. Psychological Review, 1985, 92(4): 548.

[34] Weisbuch M, Ambady N, Clarke A L, et al.. On being consistent: The role of verbal‑nonverbal consistency in first impressions[J]. Basic and Applied Social Psychology, 2010, 32(3): 261–268.

[35] Wotipka C D, High A C. An idealized self or the real me? Predicting attraction to online dating profiles using selective self–presentation and warranting[J]. Communication Monographs, 2016, 83(3): 281–302.

结　语

面向智能时代的社交媒体研究

　　生成式人工智能的流行宣告了智能时代的全面到来，此刻，关于社交媒体的研究似乎正成为老生常谈。不过，社交媒体早已被视为媒介基础设施一般的存在，不断涌现的新技术、新平台纷纷在其自身发展中纳入"社交"基因，即是佐证。诚如本书题目所言，研究社交媒体即是研究当代人类的日常活动，一方面社交媒体是人类社会关系的具象化，另一方面其又在悄然影响着诸多关系的演化。尤其是新技术的出现亦在推动社交媒体自身功能的演进，人类对技术的可供性感知也因而发生变化。反观学理建设，戈夫曼的《日常生活中的自我呈现》、梅罗维茨的《消失的地域》等经典著作始终是社交媒体研究的理论支柱，但又稍显陈旧，相关理论发展亟待更新。本书通过七个章节的内容将情绪视角、边界视角等研究取向纳入社交媒体研究之中，一则期望拓展本领域的研究范畴，二则期望在理论迭代方面做出些许推动。然而，面向未来，社交媒体研究又将何去何从？笔者认为依旧应当从隐匿和表达两个面向着手。

　　就社交媒体隐私方面的研究而言，一方面，应当注意到智能时代隐私保护的范式转变。当前，隐私保护的主流主张是将个人信息的所有权、处理权置于信息主体身上，强调个人自决权，种种建议亦是针对法律、伦理、技术、社会等层面的努力，增强个人赋权，提升个人对于隐私的"控制"能力。然而，个人控制范式这一主张在智能时代已然不再适用。在主体层面，平台、机构乃至"机器"都能够征用个人的信息，信息使用主体不再局限于个人；在使用层面，个人信息成为数字化生存的基础，也成为社会治理和商业运转不可或缺的数字资源，因此必须承认"控制"以及"限制"使用的主张无异于痴人说梦。海伦·尼森姆（Helen Nissenbaum）提出的情境完整性理论（Contextual Integrity Theory）将隐私的概念置于"情境化"的范畴讨论，为智能时代的隐私研究指出了可能的方向。由是而论，隐私研究应当致力于超越当前"控制"范式的取向，以系统化、情境化的研究取向探析人们的隐私行为。

另一方面，隐私研究应当纳入本土化和在地化的视角。现有研究——包括本书——对于"隐私"的定义、相关理论的采用、规范化策略的提出仍旧立足于西方理论层面。似乎将"隐私"视为个人权利的主张，就能够忽略社会和文化属性。数年前，知名企业家的一句"中国人对隐私问题没有那么敏感"反映了不少人对中国人隐私观念的误解。实际上，古代中国就已经用"私隐"一词指代个人敏感的、私密的事情，遑论当今网络环境下，人们对于个人信息的格外重视，并采取种种防护措施。不过，中国人对于隐私的看法显然受到本土文化以及社会环境的长期塑造，故而有别于西方视角下的"隐私"。其中的典型即是突发公共事件中，中国人能够也愿意让渡个人信息以期实现公共事件的解决，换取社会公共利益的实现，这无疑体现了集体主义思想对中国人隐私观念的影响。进一步的研究有必要探索"隐私"概念中所蕴含的文化属性，立足本土视角和在地经验来剖析中国人隐私观念的独异性。

就社交媒体表达方面的研究而言，自我呈现、自我展演、自我披露是本领域经久不衰的研究议题，在这些议题之下，真实性应当成为未来研究的方向之一。本书仅在第七章从一致性表达入手对真实性做了探究，显然不够深入和全面。人们在社交媒体上持续地建构"数字化身"，其自我形象已然由虚拟和现实共同建构而成，那么每个人的"真我"究竟由何组成？倘若后台的披露是"真我"的流露，前台所展演出来的"真实"是否应该被视为"真我"的一部分？当社交媒体上充斥着过度矫饰乃至深度伪造的形象，了解他人的"真我"对于人际交往的重要性同样不言而喻。纵观过往文献，关于"真实性"的研究着实不少，以"舞台化真实性"为肇始，到"客观真实性"与"主观真实性"的二元区分，再到"建构真实性""生成真实性""体验真实性"等概念的涌现。然而，当人机共生甚至机器生产的信息成为构筑真实的一部分，如何在智能时代界定和概念化"真实"迫在眉睫，这无疑也是值得深入探索的研究领域。

　　以上种种，既有笔者在该领域深耕多年后的感悟，亦不乏未经琢磨的一时之见，皆为抛砖引玉，谨邀专家学者共同为社交媒体研究添砖加瓦。